어린이를 위한 뇌과학 프로젝트

정재승의 인간탐구보고서

기획 정재승 | 글 정재은 이고은 | 그림 김현민

차례

<인간 탐구 보고서>를 시작하며 6
　청소년들에게 '호모 사피엔스 뇌의 경이로움'을 일깨워 주었으면

등장인물 소개 12

프롤로그 16
　새로운 행성의 발견

뇌가 말랑해지는 시간 72, 146

10권 미리보기 150

1　루이의 완벽한 여행 ……………… 22
　최고의 선택을 하는 방법
　　보고서 51　지구인은 까다롭게 선택한다

2　심장이 쿵쾅대도, 점프! ……………… 43
　지구인들의 다양한 선택 기준
　　보고서 52　지구인들은 손해 보는 것을 싫어한다

3　써니는 뱀이 좋아 ……………… 55
　감정에 휘둘려 벌어진 잘못된 선택
　　보고서 53　지구인에게 선택이란?

4 예의 바른 청년의 비밀 ····· 73
지구인의 뇌는 게으르다
보고서 54 어림짐작으로 빠르게 판단하는 지구인들

5 결정은 어려워 ····· 91
선택과 후회가 반복되는 지구의 쇼핑몰
보고서 55 지구인이 선택을 힘들어하는 이유

6 생선파의 무인도 캠프 ····· 109
지구인은 치사한 상황을 참지 않는다
보고서 56 지구인은 합리화의 달인이다

7 이성적인 보스의 비이성적인 선택 ····· 129

<인간 탐구 보고서>를 시작하며

청소년들에게 '호모 사피엔스 뇌의 경이로움'을 일깨워 주었으면

　어린이와 청소년들에게 단 한 권의 책을 읽혀야 한다면, 그것은 '우리들에 대한 과학'이어야 한다고 생각합니다. 우리 인간이 왜 이렇게 행동하고 생각하는지 '마음의 과학'을 일러 주어야 한다고 말입니다. 어린 시절 우리가 무척 궁금해하고 고민하는 대부분의 것들은 바로 나와 가족, 친구들, 그리고 이웃들의 마음에서 비롯된 것들이니까요.

　왜 엄마가 하지 말라는 행동은 더 하고 싶은 걸까요? 아빠가 형이나 오빠를 더 챙기면 질투가 나서, 왜 형까지 미운 걸까요? 왜 시험 때만 되면 교과서 말고 다른 책들이 더 읽고 싶어지는지, 왜 좋아하는 여학생은 더 잘 대해 주어야 하는데 오히려 놀리고 싶은지, 정말 궁금하지요.

어린이들에게 마음의 과학을

　마음을 탐구하는 학문인 뇌과학과 심리학은 인간의 사고, 판단, 행동에 대한 가장 흥미로운 설명을 우리들에게 들려줍니다. 지난 150년 간 신경과학자들과 심리학자들은 '인간 뇌가 어떻게 작동하여 마음

이란 걸 만들어 냈는지' 꽤 많은 걸 밝혀냈습니다. 초등학교와 중학교에 다니는 학생들에게 다른 나라 언어나 복잡한 수학 공식을 가르쳐 주는 것도 필요하지만, '마음의 과학'을 가르쳐 주는 것이 가장 중요합니다. 나는 누구이며, 우리는 어떤 존재인지, 인간사회는 왜 이렇게 돌아가는지에 대해 과학자들이 밝혀낸 사실들을 아이들에게 알려 주어야 합니다. 그게 우리에게 진짜 유익한 지식이니까요.

그런데 놀랍게도, 우리나라는 고등학교를 졸업할 때까지 뇌과학이나 심리학을 배울 기회가 거의 없습니다. 생물 시간에 잠깐, '우리 뇌는 뉴런이라는 신경 세포들이 시냅스로 연결된 거대한 그물망(네트워크)이며, 뉴런들이 서로 전기 신호를 주고받으면서 놀라운 정신 작용을 만들어 낸다.'는 것 외에는 세상이 아이들에게 '뇌와 마음'에 대해 가르쳐 주지 않습니다.

제게는 딸 셋이 있습니다. 초등학교에 다니는 저희 딸아이들을 위해 제가 책을 한 권 낼 수 있다면, '어린이와 청소년들을 위한 뇌과학' 책이어야 한다고 생각했습니다. 그렇게 해서 이 책이 탄생하게 됐습니다. 무려 10년 전부터 준비했던 이 책이 여러 우여곡절을 거쳐 드디어 근사한 모습으로 빛을 보게 된 것입니다. 바라건대, 이 책이 혼란스러운 어린 시절과 고민 많은 사춘기를 관통하게 될 모든 10대들에게

'나에 대한 친절한 가이드북'이 되었으면 합니다. 뇌과학과 심리학이 그들을 유익한 방황과 진지한 성찰로 인도해 줄 겁니다.

인간의 일상을 낯설게 관찰하기

이 책은 외계인의 시선으로 인간을 탐구하는 흥미로운 이야기입니다. 아우레 행성으로부터 외계 생명체 아싸, 바바, 오로라, 라후드가 지구로 찾아옵니다. 아우레에서 더 이상 살 수 없게 되자, 이주할 외계 행성을 찾기 위해 지구에 파견 온 그들은 지구의 지배자인 인간들을 관찰합니다. 우리 인간들을 물리치고 지구를 점령할지, 인간들과 공존하며 지구에서 함께 살지 알아보기 위해 말입니다.

호모 사피엔스를 처음 만난 아우린들에게는 인간의 모든 행동 하나하나가 흥미로운 관찰 대상입니다. 얼굴에 옹기종기 모여 있는 눈, 코, 입의 형상에 지나치게 집착하는 것도 흥미롭고, 기억력도 자신들에 비해 부실하고, 불쑥불쑥 화를 내며 충동 억제를 잘못하는 인간들이 그저 신기하기만 합니다. 그러면서도 그들은 자신들을 '현명한 동물(Homo sapiens, 호모 사피엔스)'이라고 부르니 말입니다. 전혀 합리적으로 행동하지 않는 우리 호모 사피엔스들이 그들에겐 그저 어리석게만 보일 뿐입니다. 하지만 그들이 우리를 점점 알아 가면서 우리

인간들의 장점도 파악하겠지요? 기대해 봅니다.

  아이들은 이 책의 첫 페이지를 열면서 외계인의 시선으로 인간을 바라보는 생경한 경험을 하게 될 것입니다. 아싸와 아우레 탐사대처럼 인간을 관찰한 후 '탐구 보고서'를 아우레 행성으로 보내는 과정에 동참할 것입니다. 이 과정을 통해 아이들은 우리들의 평범하고 당연한 일상을 낯설게 바라보는 경험을 하게 될 것입니다. 마치 우리가 곤충을 관찰하고 기록 일기를 쓰듯이, 인간의 일상을 관찰하고 탐구 보고서를 쓰면서 우리를 돌아보게 될 것입니다.

인간이라는 사랑스럽고 경이로운 생명체

  그 과정에서 아이들은 우리 인간을 비로소 '이해'하게 될 것입니다. 외계 생명체 라후드처럼 '인간은 정말 이해 못 할 이상한 동물'이라고 여겼다가, 점점 우리들을 이해하게 될 것입니다. 방금 본 것도 잘 기억하지 못할 정도로 호모 사피엔스의 기억 중추는 턱없이 부실하지만, 그렇기에 우리는 부실한 기억 중추를 만회하려고 '반드시 기억해야 할 것이 무엇인지, 소중한 것이 무엇인지 판단하는 능력'을 얻게 됐는데, 그것이 우리를 더 근사한 존재로 만든다는 것을 깨닫게 되지요. 친구가 산 옷이면 나도 사고 싶고, 형이 먹는 걸 보면 배가 고프지 않아도 나도 먹고 싶고, 동생이 우는 것만 봐도 나도 그냥 눈물이 날 정도로 우리 인간들은 '이상한 따라쟁이'입니다. 하지만 그 덕분에 다른 사람의 감정에 공감하며 슬픔을 함께 극복하고 힘든 역경을 이겨 낼 수 있다는 걸 깨닫게 됩니다. 아싸와 아우레 탐사대가 그렇듯, 우리 어린이들도 이 책을 읽으면서 인간 존재의 신비로움을 깨닫게 될 것입니다.

그러면서 결국 외계 생명체 아우린들이 '인간이 얼마나 사랑할 만한 존재'인지 알아주었으면 합니다. 무지 비합리적이고 종종 충동적이며 때론 폭력적이기까지 한 존재이지만, 인간 내면의 실체를 모두 알게 되면, 우리 호모 사피엔스가 얼마나 사랑스러운 존재인지 깨달았으면 좋겠습니다. 아우레 행성의 외계 생명체들이 제발 우리를 지배하려 하지 말고, 우리 인간들의 사랑스러운 매력에 빠져 주길 희망합니다.

무엇보다도, 인간의 뇌는 이성과 감성이라는 두 말이 이끄는 쌍두마차로서, 우리가 사는 세상을 좀 더 근사한 곳으로 만들기 위해 끊임없이 애쓰는 경이로운 기관임을 그들이, 아니 어린 독자들이 알아주었으면 합니다. 우리는 과학이라는 정교한 현미경을 가지고 있으면서도, 동시에 예술이라는 풍성한 악기도 가지고 있는 놀라운 생명체라는 사실 말입니다. 바티칸 시스티나 성당의 '천지창조'를 그릴 정도로

풍부한 감성을 가졌으면서도, 동시에 우주가 빅뱅에 의해 138억 년 전에 탄생했다는 사실을 밝혀낸 이성적인 존재라는 사실 말입니다.

인간의 숲으로 도전적인 탐험을!

인간의 실체가 모두 속속들이 밝혀질 때까지, 아싸와 아우레 탐사대의 '인간 탐구 보고서'는 아우레 행성을 향해 끊임없이 발신될 것입니다. 호모 사피엔스의 뇌가 가진 경이로운 능력, 사랑스러운 매력이 외계 생명체들에게 충분히 이해될 때까지 보고서는 결코 멈추지 않을 것입니다. 그 과정에서 우리 어린이들 또한 인간에 대한 이해가 깊어지겠지요? 외계 생명체 아우린들이 흥미롭게 써 내려간 '인간 탐구 보고서'에서 어린이들과 청소년들이 나를 발견하는 놀라운 경험을 하게 되길 진심으로 기대합니다. 사실 인간 탐구 보고서는 인간 사회를 지배하기 위해 아우레 행성의 정복자들이 작성한 무시무시한 보고서가 아니라, 인간이라는 숲을 탐색하는 외계 탐험가의 도전적인 보고서이기 때문입니다. 자, 이제 그들의 인간 탐험을 흥미롭게 함께해 주시길!

정재승 (KAIST 뇌인지과학과+융합인재학부 교수)

등장인물 아우레인

최고의 이성을 지닌 천재 과학자.
본부 안에 꼭 붙어 있기를 좋아하지만,
의도치 않게 매번 지구인과 꼭
붙어 있게 된다. 이번에는 지구인들과
1박 2일 여행까지 떠나게 되는데….
한없이 이성적인 아싸와 매번
실수투성이인 지구인들은 무사히
하룻밤을 함께 보낼 수 있을까?

아싸

뭐든지 뚝딱뚝딱 만들어 내는
아우레 행성의 엔지니어.
모두가 지구 생활에 바쁠 때에도
하나씩 비밀 장치를 개발해 나가는 중.
이 때문에 루나의 의심을 사기도 한다.
지구인 슈트를 입으면 줍줍 여사와,
개 슈트를 입으면 유니와 산책을
나가야 하는 딜레마에 빠져 있다.

바바

오로라

착실하게 임무를 수행하는 행성의 군인.
지구인의 생각을 바꾸기 위해 재미난
이야기를 쓰려 하지만, 매일 완벽하게
실패한다. 지구인들의 수다가
끊이지 않는 미용실에서 일하다 보니,
지구인들의 비이성적인 이야기와
선택 때문에 스스로도 혼란스러울 정도!

라후드

아우린 유일의 지구 문명 전문가이자
아우레 외계문명탐구클럽의 회장.
지구인의 마음을 공략하여 지구인이
다른 선택을 내리도록 만들 수 있다.
사춘기 대호와 함께 떠난 여행에서
아주아주 위험한 행동을 하고 만다.

루나

지구 이주 추진 비밀 본부의 회장.
대원들의 이성이 오염되지 않았는지
눈에 불을 켜고 감시하며, 사라진
생물종 제거 장치를 찾아 주위를
샅샅이 뒤지고 있다. 어느 날,
지구인들이 선택과 후회를 반복하는
수상한 장소에 방문한다.

등장인물 지구인

루이

음식점 하나를 고를 때에도 이것저것 꼼꼼히 따져 보는 편의점 아르바이트생. 기준이 너무 많아서 아무것도 고르지 못하는 것이 문제!

써니

자신을 놀리는 언니를 골려 주고 싶은 초등학교 5학년. 복수심에 불타내린 감정적 선택 때문에 무시무시한 광경을 목격하고 만다!

유니

결정이 어려워서 자꾸만 검색창에 의견을 물어보는 중학교 2학년. 검색창보다 자신의 마음을 잘 아는 사람이 있다는 걸 알게 된다.

줍줍 여사

인상만 봐도 됨됨이를 알 수 있다고 생각하는 써니의 할머니. 하지만 동네에서 만난 서글서글한 청년은 줍줍의 기대와는 전혀 다른 사람이었는데…?

해진

남스타그램 최고의 유행 맛집은 꼭 가 봐야 하는 유니의 친구. 입맛에 맞지 않아도 남들이 추천하는 메뉴를 선택한다. 그러나 후회는 오직 자신의 몫.

대호

보스가 개최한 청소년 무인도 캠프에 참가한 생선파의 우두머리. 생각보다 행동이 앞서는 편.

보스

어린 지구인들로부터 외계인이라는 의심을 받는 지구인. 하지만 비이성적인 결정을 반복하는 것을 보면 지구인이 틀림없는 듯.

프롤로그

새로운 행성의 발견

루이의 완벽한 여행

최고의 선택을 하는 방법

아우레 탐사대는 지구에 온 이후 가장 어려운 임무를 수행하고 있다. 지구인들이 외계인들에게 가진 막연한 적대감을 호의적인 감정으로 바꾸기! 이 임무 수행을 위해 라후드가 제안한 방법은 '외계인에 대한 좋은 이야기 퍼트리기'이다.

이야기 임무로 외계인에 대한 지구인의 감정을 바꾸기 위해서는 감동적인 이야기가 필요했다. 그러나 항상 감정을 억누르고 이성을 계발해 온 아우린들은 우주의 탄생 법칙을 밝히는 일보다 '상상력을 발휘하여 지구인을 감동시킬 이야기 쓰기'가 1만 배는 더 어려웠다.

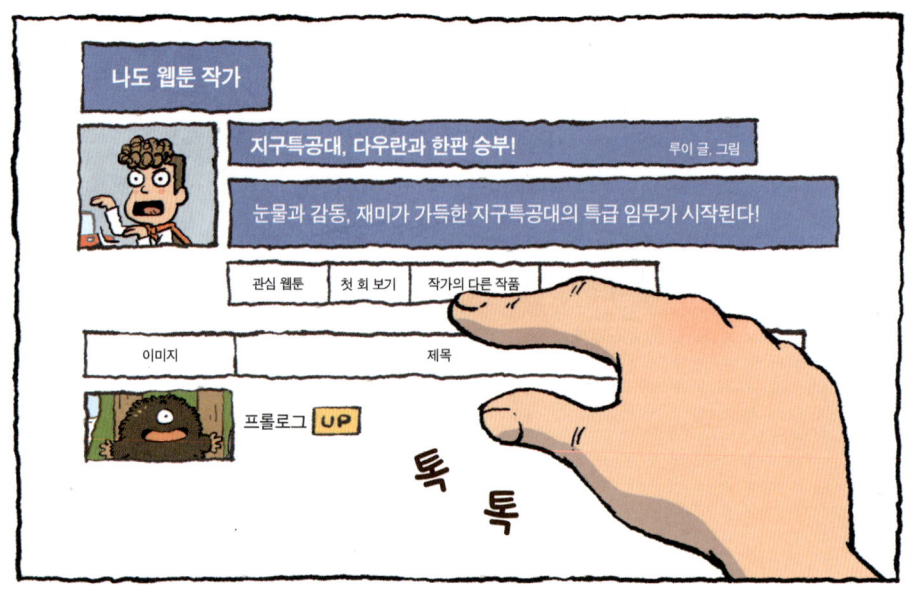

　루이는 '나도 웹툰 작가' 인터넷 게시판에 〈지구특공대, 다우란과 한판 승부!〉를 올렸다.

　'나도 웹툰 작가'는 누구나 자신의 웹툰을 올리는 게시판이다. 여기서 인기를 끌면 정식 웹툰 작가로 데뷔할 수 있다. 유명 웹툰 작가 '딱지왕'도 처음에는 이 게시판에 웹툰을 올렸다.

　"사람들이 내 웹툰도 많이 봐 주면 좋겠다. 이러다 진짜 웹툰 작가 되는 거 아니야?"

　루이는 ㅎㅎㅎ 웃으며 일을 시작했다. 갑자기 가슴이 콩닥콩닥 뛰었다. 내 웹툰을 누가 봤을까? 몇 명이나 봤을까? 궁금해서 견딜 수 없었다. 루이는 웹툰을 올린 지 3분도 되기 전에 게시판을 열고, 조회 수를 확인했다.

　루이는 계속 조회 수를 확인하느라 밤늦게 잠들었다. 하지만 다음 날 아침 일찍 깼다. 밤새 조회 수가 얼마나 늘었는지 궁금해 늦잠을 잘 수가 없었다.
　"하루 지났으니까 100명, 아니 최소한 50명은 봤겠지?"
　루이는 떨리는 손가락으로 웹툰 게시판을 열었다.

프롤로그

"이게 뭐야? 왜 내 웹툰을 안 봐? 그렇게 재미없어?!"

루이가 버럭 소리치는 바람에 늦잠꾸러기 대호도 잠에서 깼다.

"거봐, 외계인 얘기는 유행이 지났다니까."

"아니거든. 네가 뭘 안다고 그래?"

루이는 애꿎은 대호에게 화풀이를 했다. 눈치 빠른 대호는 형을 살살 달랬다.

"알았어. 조회 수 팍팍 올라가라고 내가 홍보해 줄게. 생선파한테 링크 보내고, 우리 반 애들한테도 죄다 뿌리고. 형도 친구들한테 적극적으로 알려. 가만있으면 누가 알아주나?"

"그럼 나도 동기들 남스타그램에 가서 홍보 좀 할까?"

남스타그램은 10대와 20대 사이에서 가장 인기가 많은 소셜 네트워크 서비스다. 유행에 민감한 사람들은 남스타그램에서 유행하는 스타일을 따라 하고, 남스타그램에 올라온 여행지를 가고, 남스타그램에서 유명한 음식을 먹고, 그렇게 찍은 사진을 다시 남스타그램에 올렸다. 그래서 남스타그램에는 화려하고 멋진 사진들이 차고 넘쳤다.

"형, 다음 편은 언제 나와요? 지구인이 외계인을 좋아하는 이야기로 써 주세요. 외계인들은 이성이 뛰어나고, 성품이 온화해서 지구인들의 문제를 다 해결해 준다고요."

아싸는 음료수의 뚜껑도 열지 않은 채 웹툰 이야기만 했다. 탐사대의 임무 때문이었다. 하지만 아우린의 꿍꿍이를 모르는 루이는 아싸가 자신의 웹툰에 쏙 빠졌다고 착각했다.

"외계인을 좋아하는 지구인? 아이디어가 재미있네."

"그럼 얼른 그려요, 형."

"그래, 편의점은 내가 봐줄게."

아싸와 라후드가 동시에 외쳤다.

루이는 순간 가슴이 뭉클해졌다. 하지만…….

아싸는 다급하게 외쳤다. 남의 일이라면, 눈앞에서 루이가 외계인에게 납치를 당해도 관심 없을 아싸가 왜 이렇게 흥분하지?

"내가 웹툰을 꼭 그려야 하는 특별한 이유라도 있니?"

루이가 물었다. 아싸는 말문이 막혔다. 아우린은 거짓말을 하지 않는다. 하지만 임무를 위해서라면 지구인을 흉내 내어 거짓말을 해야 한다.

"루이 형의 웹툰을 보고 감동을 받았어요. 형은 웹툰 작가로 성공할 가능성이 매우 커요."

"아니야. 웹툰 작가는 기발한 아이디어가 많아야 하는데, 난……."

루이는 고개를 저었다.

외계인들은 루이가 웹툰을 계속 그리게 설득해야 한다. 아싸는 그동안 수집한 지구인에 대한 정보 중 '지구인이 새로운 아이디어를 찾는 방법'을 떠올렸다. 책 읽기, 그림 그리기, 산책하기, 강아지와 놀기, 명상하기, 여행하기…….

"형, 여행을 가면 어때요? 낯선 곳에 가면 새로운 아이디어가 잘 떠오른대요."

"여행? 좋지, 상상만 해도……."

루이는 눈을 감고 상상 속 여행으로 빠져들었다.

　루이는 눈을 번쩍 떴다.

　"아니다. 내 형편에 여행은 무슨."

　아싸의 설득은 실패했다. 다음은 라후드 차례. 라후드는 지구 문명 전문가답게 루이가 가장 좋아하는 대상을 공략했다.

　"대호가 바다에 가고 싶다던데……. 친구들은 다 바다 여행을 다녀와서 부러운가 봐요."

　"정말요? 우리 대호기요? 하긴 바다에 가 본 지 3년도 넘었어요. 좋아요, 당장 이번 주말에 바다에 가요. 라후드 씨, 아싸도 데리고 우리 같이 가요."

　라후드의 전략은 성공했다. 물론 아싸가 원하는 성공은 아니었지만.

　　루이는 손가락에 불이 나게 호텔 예약 사이트를 뒤졌다. 라후드와 아싸, 대호가 원하는 조건의 호텔은 많았다. 여기에 루이가 원하는 '가장 싼 가격'이라는 조건까지 맞추려니 쉽지 않을 뿐!

"찾았다. 바다가 보이는 호텔 꼭대기 방. 특별 할인 이벤트까지 하고 있네."

하지만 그 방에는 침대가 하나뿐이었다. 한 침대에서 자자고 하면 대호가 여행을 안 간다고 하겠지? 루이는 조건에 맞지 않는 방을 과감하게 포기하고 다시 검색했다. 바닷가는 넓고 호텔은 많으니까!

"찾았다. 바다도 보이고, 침대도 따로 있고, 수영장도 있는 호텔."

하지만 테라스가 없었다.

"라후드 씨를 실망시키면 안 되지."

루이는 몇 시간 동안 바닷가의 호텔을 검색하고, 비교하고, 따져 보았다. 손가락 끝이 아릴 때까지 스마트폰을 터치했다. 그런데 모두의 조건에 딱 맞는 호텔은 찾을 수가 없었다.

루이가 조건을 까다롭게 따지며 결정을 미루는 사이, 바닷가의 호텔들은 하나둘 주인을 찾아갔다.

"할 수 없네. 조건에 조금 안 맞아도 그냥 예약해야지."

마침내 루이가 큰 결심을 했을 때, 루이 일행이 묵을 만한 방은 하나도 남아 있지 않았다.

"어떡해. 우리 어디서 자지?"

루이는 발을 동동 굴렀지만 이미 늦었다.

다음 날, 루이의 자동차는 쌩쌩 달려 바닷가에 도착했다. 라후드가 바라던 높고 으리으리한 호텔이나 대호가 바라던 수영장은 없었다.

식당도 사정은 마찬가지였다. 루이가 찾은 맛집은…….

보고서 51

지구인은 까다롭게 선택한다

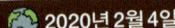 2020년 2월 4일   아우레 7386년 5월 29일   작성자: 아싸

지구 사건 개요

* 루이의 이야기 짓기 능력이 아우린보다 뛰어나다는 것이 확인됨. 루이의 이야기는 라후드, 오로라의 이야기보다 2.53배 더 훌륭했음. 따라서 탐사대의 임무는 루이에게 맡기기로 함.
* 그러나 루이는 순순히 임무를 따르지 않음. 알바도 해야 하고, 아이디어도 떠오르지 않는다며 거부함. 이런 루이를 설득하기 위해 루이의 바다 여행에 동행하기로 함. 나 빼고 모두가 기뻐한 결정이었음.
* 루이는 선택의 기준이 너무 많아서 선택을 하지 못함. 이것저것 따지다가 결론적으로 아무것도 선택하지 못하는 최악의 상황을 만듦. 하루 잘 곳조차 제대로 예약하지 못해 결국 동생 대호가 크게 화를 냄.

지구인들은 최고의 선택을 하고 싶어 한다

- 지구인들의 인생은 선택으로 가득 차 있음. 미국 코넬 대학교의 연구에 따르면 지구인은 음식에 대한 선택만 하루 평균 226.7번을 내린다고 함. 이 외에도 뭘 입을지, 뭘 살지, 뭘 볼지 등 선택할 것은 차고 넘침.
- 지구인들은 자기 앞에 놓인 선택지 중에서 최고의 것을 고르고 싶어 함. 그래서 사소한 걸 고르는 일에도 시간이 오래 걸림. 오늘 저녁에 볼 2시간짜리 영화를 고르는 데만 2시간을 쓰기도 함. 심지어 2시간이나 고민한 후에도 영화를 고르지 못하는 경우가 많음.
- 사실 지구인에게는 최고의 선택을 내릴 능력이 없음. 수많은 선택지들을 모두 종합해 분석할 날카로운 이성도, 충분한 시간과 비용도 없기 때문. 그런데도 지구인들은 최고의 선택에 매우 집착하고 최고의 선택을 내리지 못하면 후회함.

지구인들은 스스로 선택을 어렵게 만든다

- 지구인들은 선택지가 많으면 많을수록 더 좋은 결정을 할 수 있을 거라고 생각함. 후보가 많으니, 내 맘에 쏙 드는 걸 찾기가 더 쉬울 거라 생각하는 것. 하지만 과학자들이 밝혀낸 바에 따르면, 지구인들은 선택지가 너무 많으면, 오히려 힘들어함.
- 미국에서 진행된 유명한 실험이 있음. 두 곳의 잼 가게를 설치하여 한 곳에서는 여섯 종류의 잼을, 다른 한 곳에서는 스물네 종류의 잼을 판매함. 실험 결과, 방문자는 스물네 개의 잼을 판매한 상점이 더 많았으나, 진짜 잼을 사는 사람의 비율은 여섯 개의 잼을 판매한 상점이 더 높았음. 선택지가 더 많은 상점이 구경하는 재미는 있지만, 그것이 직접적인 구매로 연결되진 않았던 것.
- 왜 이런 일이 일어날까? 상상력이 풍부한 지구인답게, 지구인은 선택을 하면서도 '다른 것을 선택했다면 어땠을까?' 하며 상상력을 발휘함. 선택지를 늘리면 지구인은 이 상상력을 마구 가동시켜, 자신이 선택한 것에 집중하지 못하고 선택하지 않은 나머지 것에 미련을 느끼게 됨. 그러니 선택에 대한 확신은 줄어들고 만족감 또한 매우 떨어짐. 스물네 개의 잼을 파는 상점에서도 이와 같은 일이 일어남.
- 심지어 지구인은 존재하지 않는 선택지도 상상해서 만들어 냄. 예를 들어, 점심 메뉴를 고를 때 눈앞의 가게를 보면서도 '더 맛있는 곳이 있지 않을까?' 하며 눈에 보이지 않는 선택지까지 떠올림. 스스로 선택을 어렵게 만드는 특이한 생물체임.

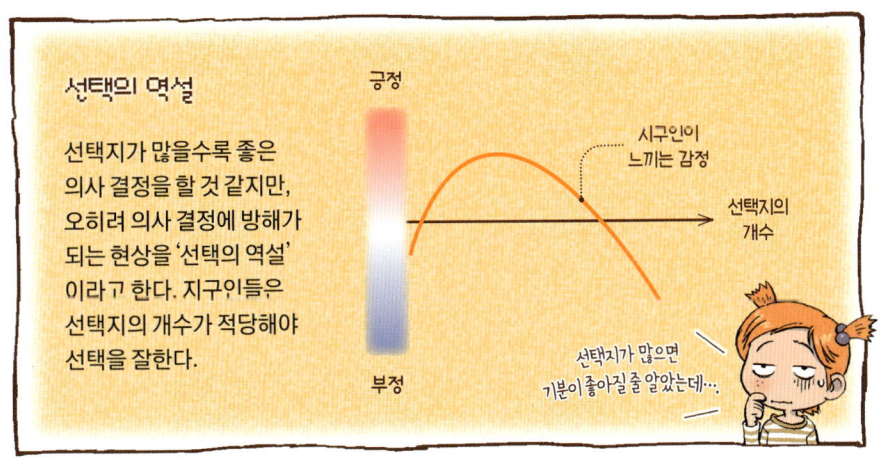

선택의 역설

선택지가 많을수록 좋은 의사 결정을 할 것 같지만, 오히려 의사 결정에 방해가 되는 현상을 '선택의 역설'이라고 한다. 지구인들은 선택지의 개수가 적당해야 선택을 잘한다.

지구인 의사 결정 관찰 보고서

- 지구인 의사 결정에는 이상한 점이 많음. 우선, 오랜 시간을 들여 고민해 놓고 나중에 물어보면 그날 뭘 선택했는지 기억하지 못함. 왜 선택했는지도 자주 까먹음. 물건을 사 놓고 이후에 배송이 오면 "이걸 왜 샀더라?" 하며 다시 고민함.
- 중요한 선택은 덜 고민하고 사소한 선택을 더 고민하기도 함. 지구인은 홧김에 비싼 물건을 사거나 연인과 헤어질지 말지를 결정함. 반대로 식사 메뉴 같은 작은 선택은 지나치게 고민함. 이는 지구인이 선택하기 어려운 문제를 중요한 문제라고 잘못 인식해서 생기는 문제.

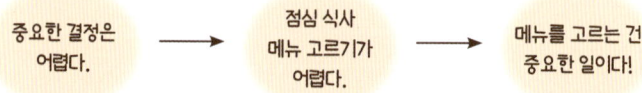

무엇을 선택하든 결과에 큰 차이가 없어서 선택하기 어려운 것일 수도 있는데, 이런 사고 과정을 거친 지구인들은 사소한 결정에 너무 많은 시간을 써 버림.

- 지구인은 다른 이가 의사 결정 과정에 참여해 주기를 바람. 뭐가 좋은지 몰라서 그냥 다른 사람을 따라가고 싶거나, 자기 혼자 결정을 온전히 책임지고 싶지 않아서일 수도 있음. 어떤 경우든, 좋은 선택을 내리고 싶은 지구인의 마음은 같음.

일상적 선택에 소요되는 에너지를 모아 더 중요한 일에 쓴 지구인

미국의 성공한 사업가 스티브 잡스는 옷 고르기와 같이 사소한 선택이 업무에 집중하는 것을 방해한다며 수십 년 동안 같은 스타일의 옷만 입었다. 불필요한 의사 결정을 없애, 꼭 필요한 곳에 에너지를 쏟은 것. 이성적이고 합리적인 사고방식이 아우린과 비슷한 이 지구인, 혹시 외계인이 아니었을까?

왼쪽은 2003년, 오른쪽은 2010년 사진. 검은 목 폴라에 청바지, 설마 한 벌은 아니겠지!?

2

심장이 쿵쾅대도, 점프!

지구인들의 다양한 선택 기준

아싸와 라후드는 바닷가 텐트에서 하룻밤을 보냈다. 비좁은 공간에서 지구인과 딱 붙어 보낸 참으로 불편한 경험이었다. 아우린들은 임무고 뭐고 당장 텐트를 뛰쳐나가고 싶었다.

불편하기는 지구인들도 마찬가지였다. 당장이라도 집으로 달려가고 싶었다. 날이 밝자마자 외계인들과 지구인은 한마음으로 외쳤다.

집으로 돌아가는 차 안에서 외계인들과 지구인들은 말없이 창밖만 바라보았다. 싸운 사람들처럼 입을 꾹 다물었다. 루이는 이 무거운 분위기가 다 자기 때문인 것 같았다. 허술한 농담이라도 해 볼까? 고민하던 루이를 대호가 구해 줬다.

"와! 번지 점프다. 형, 우리 번지 점프 하자."

대호는 멀리 보이는 번지 점프대를 가리켰다. 한눈에 보기에도 아슬아슬한 높이에, 밑에는 시퍼런 강물이 출렁거리고 있었다. 사람을 매단 줄이 끊어진다면 끔찍한 일이 벌어지기 충분한 높이였다.

"저기서 뛰어내리고 싶다고? 왜? 무섭지 않아? 네 목숨은 두 개라도 돼?"

깜짝 놀란 라후드는 대호에게 질문을 퍼부었다. 지구인들은 목숨을 가장 소중하게 여기면서도, 왜 자꾸 위험에 노출시키려 하는지 이해가 되지 않았다.

"스릴 넘치잖아요. 아저씨도 한번 해 봐요."

대호는 이번 여행 기간 중 가장 신나서 말했다.

'스릴'은 도대체 어떤 감정이기에 죽을 위험까지 감수하려는 걸까? 지구인을 제대로 이해하기 위해 번지 점프를 경험해야 하나? 라후드는 지구에 온 이후 가장 무모한 선택을 했다.

"그래, 나도 한다. 번지 점프."

겁이 많은 루이는 번지 점프가 싫었다. 무서웠다. 하지만 내내 엉망이었던 여행을 살릴 수 있다면 번지 점프를 해야 했다.

"좋아. 근데 저 번지 점프대는 시설에 비해 가격이 너무 비싸대. 내가 완벽한 번지 점프대를 찾아볼게."

루이는 길가에 차를 세우고, 시설 좋고 가격이 싼 번지 점프대를 폭풍 검색했다. 대호는 속에서 열불이 올라왔다.

대호가 버럭 화를 냈다. 최고의 번지 점프를 시켜 주고 싶은 루이의 마음을 몰라주고. 루이도 빨리 재미있게 놀고 싶은 대호의 마음을 모르기는 마찬가지였다. 그리고 두 사람은 그저 얼른 지구인들과 헤어지고 싶은 아싸와 라후드의 마음을 조금도 짐작하지 못했다.

루이는 대호와 티격태격하며 번지 점프대로 천천히 차를 몰았다. 번지 점프대는 가까이에서 보니 더 아찔한 높이였다. 루이는 점프대를 보기만 해도 다리가 후들후들 떨렸다.

루이는 꼭 뛰고 싶었다. 친구들처럼 남스타그램에 근사한 사진을 올리고 싶었다. 그냥 눈 딱 감고 훅 뛰어내리면 되는데 난간을 잡은 손도, 바닥을 디딘 발도 도저히 떨어지지 않았다. 루이는 두 시간이 넘게 "잠깐만요!"를 외치며 땀을 뻘뻘 흘리다 마침내 결심했다. 그리고 용기를 내어 외쳤다.

"난 못 해. 포기할래!"

루이는 거추장스러운 안전 장비를 훌훌 벗어 던지며 말했다.

"안 뛰었으니까 환불해 주세요."

"안전 장비 착용 후에는 환불 안 됩니다. 어서 내려가세요."

직원은 매몰차게 거절했다. 루이의 작은 눈이 동그래졌다. 이렇게 비싼데 환불이 안 된다니. 그럼 전부 내 손해잖아!

"그럼 그냥 뛸게요."

루이는 주섬주섬 안전 장비를 다시 입었다.

"형, 무섭다며! 그만하고 집에 가자."

기다리다 지친 대호가 말렸지만 소용이 없었다.

"안 돼! 어떻게 생돈을 날리니? 아까우니까 뛰어야지."

"루이 씨, 지금 돈 아까운 게 문제예요?"

라후드도 루이를 말렸다. 루이는 울면서 고개를 저었다.

"네, 아까운 돈을 날리는 게 제일 큰 문제예요! 저는 죽어도 손해는 못 본다고요!"

보고서 52

지구인들은 손해 보는 것을 싫어한다

🌏 2020년 2월 9일   🛸 아우레 7386년 5월 54일   작성자: 라후드

지구 사건 개요

* 사춘기 지구인 대호가 선택한 여행 활동은 번지 점프. 줄 하나에 몸을 매단 채 높은 곳에서 뛰어내리는 행위임. 지구인들은 만에 하나를 대비해 보통 물 위에 번지 점프대를 설치하지만, 만약 줄이 끊어진다면 물 위에 떨어진다고 해도 지구인의 연약한 뼈는 무사하지 못할 것임.
* 지구인을 이해하기 위해 나, 라후드도 번지 점프에 도전해 보았음. 다리가 후들거리고 눈, 코, 입의 위치가 마구 뒤섞여 버리는 것 같은 신기한 경험이었음. 웜홀 시공간 이동과 유사한 느낌임.
* 루이는 점프대의 아찔한 높이를 보고 공포에 떨었으나 결국 돈이 아깝다는 이유로 무서움을 이겨 냄. 하지만 멋진 사진을 남기려던 처음의 목적을 달성하는 데는 완전히 실패함.

루이가 번지 점프를 한 첫 번째 이유

- 루이가 번지 점프를 한 이유는 두 가지. 첫 번째는 남스타그램에 자랑하고 싶어서. 보고서 13에서 이야기한 것처럼, 지구인들은 계속해서 서로를 비교하고, 자신이 다른 사람보다 못한 것 같으면 슬퍼함. 그래서 지구인들은 자신이 남들만큼 잘 살고 있다는 것을 SNS에 올려서 동네방네 알리고 싶어 함.

- 너도나도 잘난 사진만 올리다 보니, 지구인의 SNS는 아름답고 화려한 사진들로 가득 차게 되었음. 그곳에 있는 모든 이들이 행복해 보이기 때문에, 이를 보는 지구인들은 나만 빼고 다들 즐거워 보인다는 생각에 종종 질투심이나 우울감에 사로잡히기도 함. SNS 밖의 지구인들이 어떠한 일상을 살고 있을지는 생각하지 못한 채 눈앞에 보이는 다른 사람들의 행복한 상황만 떠올리는 것.

손해가 무서운 지구인들

- 루이가 번지 점프를 한 두 번째 이유는 손해 보기 싫어하는 지구인의 심리 때문. 그래서 지구인들은 "50개 한정 판매", "품절 임박" 같은 문구를 보면 '지금 안 사면 손해'라는 생각에 덜컥 물건을 사기도 함. 루이는 환불이 안 된다는 말 때문에 무서워하면서도 번지 점프를 뛴 것. 루이에게는 번지 점프가 주는 공포보다 손해가 주는 공포가 더 컸음.
- 이러한 손실 회피 성향은 지구인의 편도체와 관련이 있음. 지구인들은 이것도 이미 실험으로 증명함. 한 실험에서, 편도체가 손상된 환자들과 일반인들을 상대로, 동전 던지기 게임을 함. 한번 던질 때마다 앞면과 뒷면이 나올 확률이 반반인 게임인데, 이때 뒷면이 나오면 1달러를 내놓고, 앞면이 나오면 2.5달러를 벌도록 했음. 확률 반반의 게임에서 기대되는 수익이 기대되는 손실보다 1.5달러만큼 더 큰 상태.
- 이 게임에서 더 많은 돈을 번 사람은 편도체 손상 환자였음. 이유는 기대 수익이 더 크기 때문에 게임이 계속될수록 돈을 더 많이 벌 수 있는 조건이지만, 일반인들은 어느 정도 돈을 따고 난 뒤에는 수익을 지키기 위해 게임을 멈추었음. 반면 환자 그룹은 '더 하다가는 잃을지도 몰라.'라는 두려움을 느끼지 못하기 때문에, 계속 게임을 진행할 수 있었던 것.
- 지구에는 카지노라는 산업이 있음. 돈을 내고 게임을 해서 돈을 따는 곳. 그러나 카지노의 게임 승률은 50%가 아님. 이보다 훨씬 더 낮음. 편도체 손상 환자처럼 두려움을 모르는 지구인은 이곳에서 큰돈을 잃을 확률이 큼.

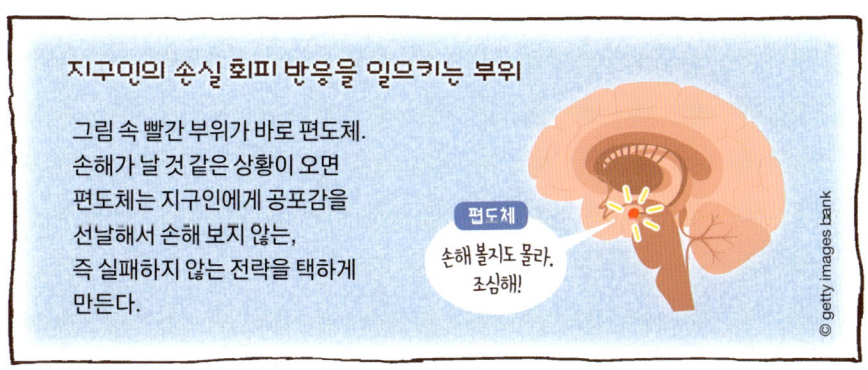

지구인의 손실 회피 반응을 일으키는 부위

그림 속 빨간 부위가 바로 편도체. 손해가 날 것 같은 상황이 오면 편도체는 지구인에게 공포감을 선날해서 손해 보지 않는, 즉 실패하지 않는 전략을 택하게 만든다.

편도체
손해 볼지도 몰라. 조심해!

- 지구인들은 실패를 매우 두려워하고 실패를 피하면 적어도 손해 없이 지금의 상태를 유지할 수 있을 거라고 생각함. 하지만 손실 회피 성향은 지구인이 합리적인 선택을 내리는 걸 방해하거나, 지구인이 새로운 것에 도전하지 못하게 만들기도 함.
- 루이에게 가장 중요한 가치는 '돈'이었기 때문에, 돈을 버리지 않기 위해 자신의 '안전'을 양보했음. 손실 회피가 새로운 도전으로 이어진 일반적이지 않은 경우임. 지구에서 일어나는 모든 일을 일반화할 수는 없음.

4만 원을 버리느니, 번지 점프를 뛰고 말 거야~!

지구인은 왜 자꾸 후회를 할까?

- 지구인은 늘 후회한다는 내용의 보고서 19에 덧붙이는 내용. 루이의 후회를 관찰한 결과, 지구인 후회의 또 다른 특징을 발견할 수 있었음. 후회는 상상을 통해서 만들어진다는 것. '제때 숙소를 선택했다면 어땠을까? 번지 점프를 뛴다고 하지 않았다면 어땠을까?' 같은 루이의 상상은 루이를 매우 후회하게 만들었음.
- 지구인은 상상력을 통해 이야기를 써낼 수도 있고 거짓말을 할 수도 있음. 이 능력이 후회를 만들어 내기도 함. 후회를 하기 위해서는, 선택하지 않은 것을 선택했을 때 일어날 일을 상상할 줄 알아야 함. 즉, 후회는 복잡하게 생각해야만 할 수 있는 지구인의 고차원적 인지 과정임.
- 선택에 있어서 자꾸 실수하는 지구인들이 다음번에 또 잘못된 선택을 내리지 않기 위해 생긴 것이 바로 후회라는 감정. 지구인은 과거를 바꿀 수 없다는 걸 알지만 계속해서 되돌아봄. 그리고 이 과정을 통해서 좀 더 좋은 선택을 내리려고 노력함. 후회는 비이성적이고 비합리적인 지구인들이 나은 미래를 만들도록 하는 뇌의 장치였음.
- 지구인은 최고의 선택, 후회하지 않는 선택을 내리고 싶어 함. 하지만 안타깝게도 그런 선택은 없음. 지구인이 후회를 줄일 유일한 방법은 선택한 것에 최선을 다해 좋은 결과를 이끌어 내는 것뿐인 듯.

이렇게 또 배우는 거야….

3

써니는 뱀이 좋아

감정에 휘둘려 벌어진 잘못된 선택

하필이면 가장 잘 보이고 싶은 친구와 질투심을 활활 타오르게 하는 친구 앞에서 망신을 주다니! 써니는 유니에게 복수할 기회를 노렸다.

'언니 친구들이 놀러 오기만 해 봐. 언니 일기장에서 본 비밀을 다 폭로할 테야.'

하지만 아무리 기다려도 유니가 친구들을 집에 데려오지 않았다.

'학원 빼먹기만 해 봐. 당장 엄마한테 이를 거야.'

써니의 마음을 눈치채기라도 했는지, 유니는 학원에 결석은커녕 지각도 하지 않았다. 써니는 빨리 복수하고 싶어서 속이 탔다. 백설 공주의 새엄마처럼 시커먼 음모라도 꾸미고 싶었다.

며칠 뒤 유니의 생일이 되었다. 유니는 생일날 아침에 가족들에게 받고 싶은 생일 선물을 발표하겠다고 했다.

'흥! 얼마나 대단한 선물을 해 달라고 하려고? 무슨 선물이든 난 절대 안 해 줄 거야.'

써니는 유니의 말을 듣기도 전에 결심했다.

그러나 유니의 말을 듣는 순간, 그 결심은 무너지고 말았다. 써니는 자기도 모르게 입을 헤 벌리고 언니를 바라보았다.

'강아지? 그럼 이제 우리도 강아지 키우는 거야?'

써니와 유니는 벌써 몇 년째 강아지를 키우자고 졸랐다. 하지만 부모님은 아이들이 강아지를 잘 돌볼 수 있을 만큼 클 때까지 안 된다고 반대했다. 이제는 허락해 줄까?

위니 원장은 잠시 고민했지만 결국 미소를 지으며 고개를 끄덕였다.

"좋아. 너희가 최선을 다해 돌보겠다고 약속한다면 키워도 되지만, 일단 가족 모두가 찬성해야지."

"난 찬성이다."

줍줍 여사가 맨 처음 말했다.

"나도 좋아."

금 사장도 손을 들었다.

유니는 써니도 당연히 찬성일 거라 생각하고 말했다.

"와~, 너무 신난다! 유기견 보호소에는 언제 갈까?"

그 순간 써니는 결정했다.

써니는 강아지를 좋아한다. 강아지를 꼭 키우고 싶다. 다리가 짧고 오동통한 귀여운 강아지를 보기만 해도 마음이 사르르 녹는다.

 '하지만 지금은 강아지보다 복수가 먼저야. 방금도 언니는 내 의견은 듣지도 않고 결정해 버렸잖아? 맨날 나만 무시하고……. 후회하게 만들 거야.'

 써니는 언니를 실망시키기 위해 강아지를 포기했다.

 "응, 난 이제 강아지 별로야. 강아지 반대."

 유니는 너무 실망해서 눈물을 글썽거렸다.

 "너무해. 써니가 반대할 줄 몰랐어. 난 정말 강아지 키우고 싶은데……."

 유니는 당황한 마음에 말없이 발끝만 바라보았다. 써니는 그런 유니를 보며 속으로 통쾌해했다. 기분 좋게 방으로 들어가려는 써니를 유니가 다급히 잡았다.

 "써니야, 그럼 어떤 동물이 좋아? 네가 좋아하는 동물을 말해 봐. 그거 키우자, 응?"

 유니의 생일 선물인데, 어느새 결정권이 써니에게 넘어왔다. 써니는 큰 권력을 갖게 된 기분이었다. 이 기회에 언니를 실컷 골탕 먹여야지. 써니는 유니가 싫어할 만한 동물을 떠올렸다.

써니는 언니에게 제대로 복수해서 기분이 좋았다. 하지만 강아지를 못 키우게 되어서 아쉽기도 했다. 강아지도 키우고 언니도 골탕 먹였으면 더 좋았을 텐데! 써니는 마음이 개운하지 않았다.

한편 유니는 속상한 마음을 친구들에게 털어놓았다.

"써니가 나를 놀리는 것 같아. 세상에 뱀을 좋아하는 사람이 어딨니? 뱀 키우고 싶은 사람이 어디 있냐고! 참, 우리 아빠도 있구나, 힝."

"어머, 뱀이라니! 너무 싫다."

"생각만 해도 징그러워."

친구들은 호들갑을 떨며 유니에게 맞장구를 쳤다. 해진이만 빼고 말이다.

"막상 키우면 뱀도 그렇게 안 징그러워."

"어? 해진이 너 뱀 키웠어?"

유니는 깜짝 놀라 물었다.

"응. 처음에는 오빠가 키웠는데, 나중에는 거의 내가 돌봤어. 보면 볼수록 귀여운 면도 있고 만지면 시원해서 느낌도 좋아. 진짜야."

해진이가 힘주어 말했지만 유니와 친구들은 떨떠름한 표정을 감추지 못했다.

"파충류 숍에 한번 가 봐. 직접 보면 의외로 매력 있어."

해진이의 확신에 찬 말에 유니의 마음이 흔들렸다. 정말 뱀이 괜찮을까? 아무 동물도 못 키우는 것보다는 뱀이라도 키우는 게 나을까?

주말이 되자 유니는 아빠, 써니와 함께 가까운 파충류 숍을 방문했다. 인터넷에서 파충류 사진을 들여다볼 때까지만 해도 좋아할 자신이 없었는데, 막상 가까이에서 보니 뱀들도 나름의 매력이 있었다.

써니는 머릿속이 복잡했다.

'이러다 정말 뱀을 키우진 않겠지? 아빠까지 뱀을 키우자고 나설 줄은 몰랐어. 그냥 강아지를 입양할걸……'

써니는 후회했다. 언니를 골려 주려 했는데, 오히려 자기 꾀에 자기가 당한 것 같았다.

써니의 마음도 모르고 금 사장은 신이 나서 이 뱀, 저 뱀 구경하고, 설명 듣고, 만져 보았다.

"멋진 뱀이 참 많네요. 그런데 뱀은 뭘 먹어요?"

"직접 보여 드릴게요."

파충류 숍의 주인은 냉동고를 열고 뱀 사료를 꺼냈다. 써니는 무심코 뱀 사료를 쳐다보았다. 사료치고는 좀 이상하게 생겼다고 느낀 순간……, 써니는 소리를 꽥 질렀다.

보고서 53

지구인에게 선택이란?

🌍 2020년 2월 12일   🪂 아우레 7386년 5월 69일   작성자: 오로라

지구 사건 개요

* 아우린 동네에 탈주범이 나타남. 지구에 도착한 첫날 라후드를 어려움에 빠뜨렸던 지구인도 탈주범이었음. 탈주범 주변에는 경찰이 몰려들 위험이 있으므로 각별히 주의해야 함.
* 지구인의 언어는 동물의 언어와 서로 통하지 않음. 그러나 지구인들은 스스로 몇 가지 패턴을 만들어 동물의 말을 이해할 수 있다고 생각함.
* 오늘 써니는 복수심 때문에 원하지도 않는 뱀을 키우자고 주장하다 곧 후회함. 지구인들은 자주 감정에 치우쳐 어설픈 선택을 내리고 후회를 함.

지구인의 판단에는 감정이 필요하다

● 좋은 결정을 내리려면 지구인은 어떤 것이 좋고, 어떤 것이 나빴는지 기억하고 학습해야 함. 예를 들면, 음식점에 간 지구인의 뇌는 아래처럼 작동함.

음식이 매우 맛없다면 안와 전두 피질-편도체 연결 고리가 강화되어 다음번에는 이 음식점을 피하게끔 만든다.

같은 음식점이라도 어떤 날은 음식이 맛있을 수도, 어떤 날은 맛없을 수도 있다. 편도체는 그때마다 지구인이 느꼈던 좋은 감정, 나쁜 감정을 다 기록해서 안와 전두 피질에게 알려 준다.

음식이 맛있다면 안와 전두 피질-측좌핵 연결 고리가 강화되어, 다음에 또 이 음식점을 방문하도록 만든다.

● 안와 전두 피질
● 측좌핵
● 편도체

- 이처럼 지구인은 이성과 감정을 모두 사용해야 판단이 가능함. 감정이 없으면 무엇이 좋고 나쁜지 구분할 수 없기 때문에, 어느 선택지가 가치 있는 선택지인지 알지 못함. 따라서 감정을 통해 기억을 구성하는 영역인 편도체가 손상되면, 지구인은 어떤 옷을 입을지와 같은 일상적인 결정조차 잘 내리지 못함. 감정은 의사 결정에 없어서는 안 되는 요소인 것.
- 하지만 지구인의 감정은 매우 들쭉날쭉함. 좋았다가도 돌아서면 금방 싫증을 내고, 한참 울고 있다가 웃음을 터뜨리기도 함. 따라서 감정에만 기반해서 결정을 내리다가는 써니처럼 후회를 할 수도 있음.

이 감정에 빠진 지구인들은 더욱 신중하다

자신들의 의사 결정이 감정에 휘둘린다는 걸 아는 지구인들은 중요한 결정을 내릴 때 감정을 최대한 배제하려 한다. 하지만 지구인이 더 좋은 결정을 내리게 만드는 감정도 있다. 실험에 따르면, 우울한 지구인은 선택지를 더욱 신중하게 고민해서 최고의 선택을 내리는 경향이 있다. 약간 비관적으로 세상을 바라보게 되어 현실적인 판단을 내리기 때문이다.

지구인은 선택을 좋아한다

- 써니는 유니의 생일 선물을 자기가 고르게 되자 기분이 좋아지고 우쭐해함. 다시 말해, 선택을 할 수 있어 기뻐한 것. 무엇이든 생각하기 귀찮아하는 지구인이 왜 머리를 써서 고민하고 판단 내리는 일을 좋아할까?
- 그것은 바로 선택이 주는 통제감 때문. 지구인의 뇌는 선택하는 행위를 '자기 뜻대로 상황을 바꿀 기회'로 받아들이기 때문에, 선택을 통해 상황의 주도권을 쥐고 싶어함. 똑같은 일도 다른 사람이 시켜서 할 때보다 자기가 선택해서 할 때 더 열심히 함. 선택을 어려워하고 부담스러워하지만, 지구인들은 선택권이 없는 상황을 견디지 못하며, 심지어 선택을 포기하는 것조차 직접 선택해야 직성이 풀림.

뇌가 말랑해지는 시간 1

혹시, 나도 햄릿 증후군?

햄릿은 영국 극작가 셰익스피어의 작품 〈햄릿〉의 주인공으로, 선택을 내리지 못하고 우유부단하게 구는 인물이다. 햄릿처럼 선택을 피하고 싶은 나, 혹시 햄릿 증후군일까?

① 메뉴를 고를 때 타인이 선택한 메뉴를 따르는 편이다. ☐

② 쇼핑할 때 친구가 골라 주면 바로 구매하는 편이다. ☐

③ 동영상 서비스 플랫폼에서 뭘 볼지 고민만 하다 아무것도 못 볼 때가 많다. ☐

④ 타인의 질문에 "글쎄", "아마도"라고 대답하는 편이다. ☐

⑤ 선택을 잘 못해서 일상이 불편했던 적이 있다. ☐

⑥ 타인에게 "이거 사도 될까?", "오늘 뭐 먹을까?" 등 사소한 질문을 자주 하는 편이다. ☐

⑦ 선택을 강요받으면 스트레스를 받는다. ☐

나는 어떻더라?

0~1개	오~, 결단력 있는 지구인인걸?
2~4개	적당히 고민하고 적당히 선택하는 보통의 지구인.
5개 이상	햄릿 증후군일 가능성이 큼! 선택을 피하지만 말고 즐겨 봐. 오늘의 선택이 모여 더 멋진 내일을 만들어 줄 거야.

4

예의 바른 청년의 비밀

지구인의 뇌는 게으르다

날씨가 유난히 맑았다. 줍줍 여사는 마당에 나와 하늘을 올려다보았다. 파란 하늘에 흰 구름 두 덩이가 둥실 떠다녔다.

집에는 줍줍 여사 혼자뿐이었다. 위니 원장과 금 사장은 출근했고, 유니와 써니는 학교에서 아직 돌아오지 않았다.

"보물이라도 찾으러 갈까?"

줍줍 여사는 새로 장만한 보물카를 밀고 밖으로 나갔다. 날씨가 맑아서 그런지 허리도 쌩쌩하고 무릎도 말짱했다.

줍줍 여사는 누군가를 만나 기분 좋게 이야기를 나누고 싶었다. 이럴 때 가장 먼저 생각나는 사람은 옆집의 바바 할아버지다. 하지만 오늘은 바바 할아버지조차 집에 없었다.

줍줍 여사는 천천히 위니 미용실 앞을 지나갔다. 갑자기 미용실 문이 벌컥 열리며 위니 원장이 뛰쳐나왔다.

"엄마, 탈주범이 우리 동네에 있대. 얼른 집에 들어가요."

"그래? 근데 나 괜찮아. 탈주범 같은 사람을 보면 얼른 숨으마."

외모만 보고 탈주범을 알 수 있다고? 미용실 안에 있던 오로리는 어이가 없었다. 지구에 온 지 벌써 몇 달이 지났지만 지구인의 근거 없는 판단에는 익숙해지지 않았다.

"아유, 엄마는. 겉만 보고 탈주범을 어떻게 알아봐요? 얼굴에 써 붙이고 다니나?"

평소에는 줍줍 여사 못지않게 비이성적인 위니 원장이 웬일로 합리적인 생각을 했다. 오로라는 드디어 위니 원장의 이성이 제대로 작동하는 줄 알았다.

위니 원장은 논리적인 근거라고는 하나도 없는 줍줍 여사의 말에 쉽게 넘어갔다.

'역시 지구인이다. 지구인에게 높은 이성을 기대한 내가 잠시 비이성적이었다.'

오로라는 고개를 절레절레 저으며, 꼼꼼하고 완벽하게 미용 도구를 정리했다.

줍줍 여사는 탈주범 걱정 따위는 잊고, 천천히 동네를 돌았다. 날씨처럼 운이 좋았다. 동네를 한 바퀴 돌기도 전에 보물을 여러 개 찾았다. 새것 같은 모니터, 멀쩡한 선풍기, 비싸 보이는 골동품 상자……. 보물카는 금세 가득 찼다.
"너무 욕심을 부렸나? 앞이 잘 보이지도 않네."
줍줍 여사는 조심조심 보물카를 밀었다. 반대쪽에서 차가 다가오는 줄도 몰랐다.

줍줍 여사는 보물카를 길가로 밀었다. 순간 넘치도록 쌓인 보물이 기우뚱하더니, 와르르 쏟아졌다. 모니터는 땅에 떨어져 깨지고, 선풍기는 나사가 빠진 채 바닥을 뒹굴었다. 골동품 상자의 뚜껑은 자동차 밑으로 굴러 들어갔다.

청년은 떨어진 보물을 주워서 보물카에 야무지게 실었다. 혹시 또 떨어질 수 있다며 고무 끈으로 단단히 묶어 주었다.

"아이고, 청년 덕분에 빨리 치웠네. 너무 고마워. 내가 커피 한잔 살게요."

"마음만 받을게요. 저는 괜찮으니까 할머니 맛있는 거 사 드세요."

청년은 모자를 깊이 눌러쓰며, 예의 바르고 공손하고 겸손하게 거절했다. 줍줍 여사는 이 근사하고 바른 청년을 더욱더 그냥 보내고 싶지 않았다.

"그러지 말고 같이 가요. 내가 너무 고마워서 그래, 응?"

줍줍 여사는 청년의 등을 떠밀다시피 하여 유에프오 카페로 데려갔다.

다음 날, 줍줍 여사는 집 앞에서 청년을 다시 만났다.

"할머니, 또 뵙네요. 잘 지내셨어요? 식사는 하셨고요?"

청년은 지나치게 반갑게 인사를 건넸다. 줍줍 여사도 청년을 다시 만나 좋았다. 몇 년을 마주친 동네 젊은이들도 모른 체하는 경우가 많은데, 이 청년은 어찌나 예의가 바르고 싹싹한지, 볼수록 마음에 쏙 들었다.

"아이고, 또 보네. 반가워."

"할머니, 제 부탁 하나 들어주실래요? 제 물건을 어디 넣어 주기만 하시면 되는데요."

청년은 상냥한 미소를 지으며 공손하게 부탁했다.

며칠 뒤 경찰들이 줍줍 여사를 찾아왔다. 줍줍 여사는 덜컥 겁이 났다. 칠십 평생 살면서 경찰서에 가 본 적도, 112에 신고 전화를 해 본 적도 없기 때문이었다.

써니가 냉큼 달려와 할머니의 손을 꼭 잡았다.

"경찰 아저씨들이 우리 할머니를 왜 찾아요? 우리 할머니가 얼마나 좋은 사람인데요."

"나도 좋은 경찰이야. 할머니께 몇 가지 물어보려고."

좋은 경찰은 미소를 지었다. 그래도 줍줍 여사는 불안했다. 손바닥에 땀이 나고, 가슴은 쿵덕쿵덕 뛰었다.

"할머니, 최근에 동네에서 낯선 남자를 만나신 적 있나요? 키는 175센티미터 정도에 마르고 턱에 점이 있는 남자요."

"아니, 못 봤어."

줍줍 여사는 생각도 해 보지 않고 딱 잘라 말했다. 대답을 하고 보니 상냥한 청년이 떠올랐지만 그 청년은 조금도 수상하지 않았다. 턱에 반창고를 붙였지만 설마 점을 가리려고 그랬겠어? 면도하다 베였겠지!

줍줍 여사는 살짝 고개를 갸웃거렸다. 좋은 경찰이 그 틈을 놓치지 않고 날카롭게 물었다.

"할머니, 지하철역 사물함에는 무얼 넣으신 거예요? CCTV로 다 봤어요. 누가 시켰어요?"

"사물함?"

줍줍 여사의 목소리가 떨렸다.

"할머니, 탈주범 아시죠? 탈주범의 공범이 할머니가 넣어 둔 물건을 찾으러 지하철역에 왔다가 붙잡혔어요. 그 물건은 누가 준 거예요?"

"탈…주…범?"

줍줍 여사는 털썩 주저앉았다. 그렇게 상냥하고 예의 바른 청년이 탈주범일 수는 없다. 그러면 안 된다.

줍줍은 사진 속 남자를 더욱 자세히 살펴보았다. 하지만 아무리 뜯어봐도 줍줍이 만난 청년은 아니었다.

"아니야, 난 이런 사람 본 적도 없어."

경찰은 다른 사진을 보여 주었다.

"변장을 하면 이렇게 달라 보일 수 있어요."

줍줍은 깜짝 놀랐다. 사진 속 얼굴 중 하나가 바로 어제 만난 그 청년이었다. 그래도 믿어지지 않았다.

"뭔가 오해가 있을 거야. 그 청년, 정말 훌륭한 청년이었어."

"아니에요. 이 사람, 강력 범죄자예요. 할머니를 범죄에 이용했어요."

줍줍 여사는 뭔가에 홀린 것처럼 정신이 아득해졌다.

그날 줍줍은 경찰서에 가서 이런저런 질문에 답하며 조사를 받고, 저녁에 무사히 집으로 돌아왔다.

다행히 며칠 후 유에프오 카페에 등장했던 탈주범이 잡혔다는 뉴스가 들려왔다. 줍줍이 안도의 한숨을 내쉬던 그때, 아우레 탐사대도 뉴스를 통해 같은 소식을 전해 들었다.

어림짐작으로 빠르게 판단하는 지구인들

🌍 2020년 2월 21일   🛸 아우레 7386년 6월 41일   작성자: 오로라

지구 사건 개요

* 줍줍은 자신의 판단에 과도한 자신감을 가지고 있음. 특히 한 번 보기만 해도 그 사람에 대한 판단을 정확하게 할 수 있다고 생각함. 지구인의 눈은 종종 착시를 일으키고 심지어 그것을 즐기기까지 하지만, 지구인들은 자신의 눈을 믿고 근거 없는 판단을 내림.
* 우연히 알게 된 바른 청년이 탈주범인 것으로 밝혀지자 줍줍은 큰 충격에 빠짐. 탈주범은 줍줍의 핸드폰을 훔치려다 실패하자, 줍줍을 범죄에 이용했음.
* 지구인들은 대부분의 판단을 부족한 근거에 기반하여 어림짐작으로 내림. 이성이 낮으면 더욱 깊이 고민하고 신중하게 판단해야 하는데, 지구인들은 빨리 다음 행동으로 넘어가고 싶어 함.

지구인은 판단을 내릴 때도 지름길을 좋아한다

- 지구인 뇌과학자 폴 왈렌에 따르면, 지구인들은 아주 빠른 시간 만에 상대의 첫인상을 결정짓는다고 함. 미국의 심리학자 알렉산더 토도로프는 지구인이 후보자의 얼굴을 1초만 보고도 '누구에게 투표할 것인가'를 결정할 수 있다는 걸 실험으로 밝혀 냄. 지구인들은 무엇이든 성급하게 판단하고 행동함. 대체 왜 이러는 걸까?
- 이유는 지구인의 과거에서 찾을 수 있음. 맹수를 마주치거나 적들과 싸울 때, 지구인 조상들은 곰곰이 따질 시간이 없었음. 정보가 부족하더라도 다음 행동(도망치냐 싸우냐)을 취해야 살아남을 수 있었던 것. 이러한 사고 습관은 현재까지 이어져 지금의 지구인을 만들어 냄.
- 현대에 와서 환경은 더 복잡해지고, 해야 할 일은 많아진 지구인들은 이 습관을 버리지 못함. 대충 보고 빠르게 판단하기는 예나 지금이나 매우 중요한 생존 도구인 것.

- 심리학자들은 최고의 답이 아니라, '이 정도면 됐다' 싶은 답을 찾으려는 지구인의 판단 방식을 '휴리스틱'이라 부름. 휴리스틱을 사용하는 지구인들은 이것저것 복잡하게 따지지 않고 상황을 단순화해서 대충 답을 내림. 그러다 보니 잘못된 판단을 내리는 일도 많아짐.

> **후속 탐사대에게** 지구인들의 휴리스틱 모음집
>
> 아래 지구인들의 대표적 휴리스틱을 잘 살펴볼 것. 지구인들이 아래와 같은 기준으로 판단하는 것은 멍청해서가 아니라 지구인이기 때문!
>
> ### 1. 대표성 휴리스틱
>
> Q. 파티장에 사람이 10명 있다. 그중 7명은 엔지니어, 3명은 변호사다. 이 중 한 명을 무작위로 뽑으면 이 사람이 변호사일 가능성은 얼마나 될까? 뽑힌 사람은 회색 양복을 입고 있다.
>
> 질문의 정답은 30%. 하지만 지구인들은 30%보다 높은 수치를 답하는 경우가 많다. 양복을 입었다고 해서 모두 변호사인 것은 아닌데도, 변호사들이 일할 때 주로 양복을 입기 때문에 그렇게 생각한 것. 앞치마 입은 보스를 보고 아르바이트생일 거라고 판단한 것도 대표성 휴리스틱이 작용한 결과다.
>
> ### 2. 가용성 휴리스틱
>
> Q. 자동차가 위험할까, 비행기가 위험할까?
>
> 자동차는 비행기보다 거리당 사망률이 더 높은 위험한 운송 수단이지만 지구인들은 비행기를 더 위험하다고 생각한다. 뉴스에서 크게 보도되는 비행기 사고를 더 잘 기억하기 때문이다. 지구인들은 기억에 잘 떠오르는 것을 기준으로 판단을 한다.

3. 기준점과 조정 휴리스틱

지구인들은 기준점을 잡고, 그 위아래로 조정을 하여 의사 결정을 내린다. 이를 보여 주는 재미있는 실험이 있다. 지구인을 두 집단으로 나눠 이런 질문을 해 보았다.

첫 번째 집단: 8x7x6x5x4x3x2x1=?
두 번째 집단: 1x2x3x4x5x6x7x8=?

왜 같은데 다르게 느껴지지?

문제를 보자마자 어림짐작으로 답하게 한 결과, 첫 번째 집단의 답변 평균치는 2,250, 두 번째 집단의 답변 평균치는 512였다. 지구인의 답변이 다른 이유는 처음 접하는 숫자를 기준으로 답변을 내렸기 때문으로, 처음 접한 숫자가 크면 정답도 큰 수일 거라고 예측한 것이다. 이는 지구인들이 세일을 좋아하는 이유와도 관련이 있다. 4만 원짜리 제품을 2만 원에 판다고 하면, 지구인들은 처음부터 2만 원을 제시했을 때보다, 4만 원을 기준점으로 삼아 반값에 산다는 생각에 기분이 좋아진다.

편견으로 가득 찬 지구인의 뇌

- 휴리스틱은 불완전한 판단 방식이기 때문에 지구인의 뇌 속에 수많은 편견을 생성해 냄. '예술가는 섬세할 것이다.', '비싼 물건이 더 좋을 것이다.' 같은 사소한 편향부터 시작해서 '여성은 남성보다 수학을 못한다.', '뚱뚱한 사람은 게으르다.'와 같은 인종과 성별, 직업, 외모에 대한 차별로 이어지기도 함.
- 많은 지구인들이 편견으로 인해 고통받고 결국에는 서로가 미워서 싸우는 일도 벌어짐. 그것이 단순히 편향된 생각에서 비롯된 일이라는 걸 알아도 지구인들은 계속해서 편견에 기반해 무리를 나누고 전쟁을 벌일까? 애초에 지구인이 정확한 답변을 추구하는 생물체였다면 이런 일은 벌어지지 않았을 것.
- 휴리스틱은 지구인이 모든 정보를 검토하지 않아도 그럴듯하게 답하도록 도와줌. 하지만 인지적 실수나 편견 같은 부작용을 동반함. 지구인에게 휴리스틱이 있는 게 과연 좋은 일일까? 판단하기 어려움.

5

결정은
어려워

선택과 후회가 반복되는 지구의 쇼핑몰

루나는 비밀 본부에서 보내 준 자료를 바탕으로 파타냐 행성과 지구를 비교 분석했다.

자연환경 적합도 : 파타냐 > 지구
아우린 활용 가능 문명 수준 : 지구 ≫ 파타냐

"지구는 지구인이 이뤄 놓은 과학 문명을 활용할 수 있다는 장점이 큼."

루나는 아우레로 비밀 답장을 보냈다.

루나는 지구를 포기하지 않음.
지구 이주 추진 비밀 본부 회원들은
몰래 이주선을 준비하고 기다릴 것.

"지구는 루나 것. 루나는 미래의 지구 사령관."

루나는 결심을 굳혔다. 행성 지도부의 결정과 상관없이 지구를 접수해 버리기로. 그러기 위해서는 사라진 생물종 제거 장치를 찾아야 한다.

루나는 몰래 바바의 연구실로 들어갔다.

탐스는 바바가 새로 개발한 외계 물질 탐지 장비다. 물질에 이온 빔을 쏘아 외계 물질을 구별하는데, 정확도가 매우 높다. 외계 물질이 극미량만 섞여 있어도 알아낸다. 하지만 해당 물질에 3미터 이내로 가까이 있어야 분석이 가능하다. 또한, 배터리가 매우 빨리 닳는다는 단점이 있었다. 루나는 몰랐지만.

아우린은 아우린에게 사실만 말한다. 바바는 루나에게 거짓말을 했다. 바바의 이성은 오염 이상의 문제가 있다. 루나는 길가에 선 채로 바바에게 적용할 수 있는 54,092개의 아우레 규칙을 검토했다.

지구인 유니의 눈에는 길가에 혼자 멍하니 서 있는 루나가 몹시 외로워 보였다. 유니는 루나에게 마음이 쓰였다.

"루나야, 우리랑 쇼핑 갈래? 내가 맛있는 거 사 줄게."

"됐어요. 싫음. 안 가……."

루나는 쇼핑보다 더 중요한 문제를 해결해야 했다. 하지만 마침 집에서 나온 바바 할아버지가 루나의 등을 떠밀었다.

"좋은 생각이구나. 루나야, 언니들하고 다녀와, 응?"

아우린은 행성 중앙 센터에서 물품을 지급받는다. 지구인은 필요한 물품들을 가격, 디자인, 색깔, 쇼핑을 할 당시의 기분 등을 기준으로 삼아 직접 골라 산다. 쇼핑몰은 이러한 선택이 활발하게 이뤄지는 공간이었다. 사람도 많고, 물건도 많고, 소음도 심했다.

루나는 복잡하고 시끄러운 쇼핑몰을 빨리 벗어나고 싶었다. 하지만 유니와 해진은 사지도 않을 물건을 구경하고 품평하느라 이성과 시간을 낭비했다. 그런데도 즐거워 보이는 이유는 뭘까? 루나는 이해할 수 없는 두 지구인을 재촉했다.

"언니들, 쇼핑몰에 온 목적을 잊었음? 빨리 사고 가자."

루나가 재촉하거나 말거나 유니와 해진은 복잡한 쇼핑몰의 한가운데에 서서 '패션 쇼핑몰'에서 꼭 먹어야 하는 남스타그램 최고 유행 맛집을 검색했다.

"찾았다. 햄버거가 맛있대. 대왕 햄버거."

사실 해진은 햄버거를 썩 좋아하지 않았다. 하지만 남스타그램 추천 가게라면, 입맛과 상관없이 무조건 가야지!

유니와 해진은 메뉴판을 읽고 또 읽었지만 메뉴를 결정하지 못했다. 메뉴판이 시험지라도 되는 듯 심각해졌다.

"치즈버거? 치킨버거? 새우버거도 맛있어 보이는데. 난 메뉴 정하는 게 제일 어려워."

해진은 앓는 소리를 냈다. 유니도 동감이었다.

"나도. 메뉴 선택은 너무 힘들어."

"그냥 인기 메뉴로 먹을까?"

"좋은 생각이야."

루나는 그들의 선택을 이해하지 못했다. 지구 음식 전문가인 라후드가, 지구인들의 입맛은 사람마다 매우 다르고 그것이 지구인의 개성이라고 했다.

"언니들, 자기가 먹을 음식을 왜 다른 사람의 의견에 맞춰서 골라?"

"인기 메뉴는 사람들이 제일 많이 먹는 거잖아."

"제일 맛있다는 얘기니까, 내 입맛에도 맞을 거야."

유니와 해진은 입을 모아 대답했다.

　유니는 운동화를 사러 가서도 고민이 길었다. 신발 하나 고르는 데 세상 고민을 다 이고 진 사람처럼 인상을 찌푸렸다.

　"해진아, 이게 예뻐, 저게 예뻐? 아니면 아까 본 그거……?"

　유니는 똑같은 질문을 스무 번도 더 했다. 해진도 티셔츠를 고르는 데 한 시간도 넘게 걸렸던 터라, 이번 선택도 속 시원히 말하지 못했다. 유니는 루나에게도 물었다.

　"루나야, 어느 게 더 예뻐? 너라면 뭘 살 거야?"

　"유니 언니의 신발은 내 선택 영역 아님. 유니 언니가 자신의 목적과 취향에 맞게 선택해야 함."

　루나는 딱 잘라 말했다.

"알았어. 누가 외계인 친척 아니랄까 봐! 그냥 요즘 중학생 유행 스타일이 뭔지 찾아볼게."

유니는 스마트폰의 검색창을 열고 '여자 중학생 인기 운동화'를 검색했다. 그리고도 선택을 못 해서, 화면에 떠오른 수많은 인기 운동화들을 루나와 해진에게 보여 주었다.

집에 오는 길에 유니는 쇼핑백의 운동화를 몇 번이나 꺼냈다가 도로 집어넣었다.

"그냥 검은색 살 걸 그랬나? 흰색은 쉽게 더러워지겠지? 아니면 남색, 그것도 괜찮았지?"

루나는 갈팡질팡하는 유니의 마음을 이해하지 못했다.

"언니는 왜 흰색을 선택했음?"

"인터넷에서 인기 운동화라고 추천하고, 코카콜라에도 당첨됐으니까……."

"자신의 선택을 왜 다른 사람의 추천이나 운에 맡김?"

논리적인 루나의 질문에 유니의 말문이 턱 막혔다.

"음……, 내가 선택을 잘 못해서 맨날 후회하거든. 여러 사람이 추천하는 걸 고르면 후회를 덜 할 것 같아서."

"그럼 지금은 왜 후회함? 어떻게 해도 후회할 거면, 스스로 선택하고 후회하는 게 나음."

루나의 말이 옳았다. 유니는 스스로 결정하지 못하고 우왕좌왕한 자신이 조금 부끄러웠다.

집에 돌아온 유니는 거울 앞에 섰다. 세상에서 나를 제일 잘 아는, 아니 나를 가장 잘 알아야 할 사람에게 자신의 취향을 물었다.

보고서 55

지구인이 선택을 힘들어하는 이유

🌏 2020년 3월 1일   🛸 아우레 7386년 7월 13일   작성자: 루나

지구 사건 개요

* 바바가 만든 새로운 외계 물질 탐지 장비 '탐스'가 써니네 집 앞에서 울림. 바바는 기계 오작동이라 말했지만, 바바의 기계는 실패 확률이 매우 낮음. 써니네 집에 있는 외계의 물질이 무엇인지 알아내겠음.

* 지구인 유니, 해진과 함께 쇼핑몰에 방문함. 다른 건물과 달리 창문도 없고, 건물 중앙에 에스컬레이터를 설치해 주위를 계속 둘러보도록 만드는 이상한 장소임. 구경할 것이 매우 많아서, 주의 집중력이 떨어지는 지구인들이 온갖 물건에 시선을 빼앗기며 하루 종일 돌아다닐 수 있게 만들어졌음. 이곳에서 지구인들은 물품을 들었다 놓았다 하며 구매 여부를 고민하고 즐거워함.

* 지구인은 물건을 고르는 데 매우 오랜 시간이 걸림. 최상의 선택을 하기 위해 선택지의 개수를 계속 늘리지만, 그렇게 선택한 뒤에도 금세 후회를 했음.

지구인들은 선택지가 많으면 힘들어한다

- 결정을 어려워하는 지구인들은 자신의 일을 결정하기 위해 타인의 의견을 묻는 일이 많음. 무슨 옷을 사야 할지, 여행지는 어디가 좋을지 다른 이가 정해 주길 바람. 이런 지구인 옆에 있으면 매우 귀찮아짐. 자꾸만 자신의 선택이 괜찮은지 물어보고, 이성적으로 판단하여 결정을 내려 주어도 믿지 않는 경우가 부지기수.

- 지구인이 이렇게 결정을 못 내리는 이유는 선택을 하기까지 따져 봐야 할 정보가 너무 많기 때문. 인터넷과 모바일이 발달하면서 지구인들이 주고받는 정보의 양은 기하급수적으로 늘어남. 하지만 이 중에 무엇이 의미 있는 정보인지 몰라 결정이 어려워짐.

- 지구인들은 결정력을 기를 생각은 하지 않고 과학으로 선택 문제를 해결하려 함. 지구의 '추천 서비스'는 빅 데이터 기술을 이용해 사용자의 성향을 분석하고 해당 지구인이 좋아할 만한 것을 미리 골라 줌. 한 예시로, 지구의 유명 스트리밍 서비스는 약 15,000개의 드라마와 영화를 보유하고 있음. 추천 서비스는 이 중에 수십 개를 추려 메인 화면에 띄워 줌. 하지만 지구인들은 이렇게 줄어든 선택지에서조차 뭘 볼지를 고르지 못해 1시간씩 고민함. 선택지가 줄어든다고 해서, 고민의 시간이 줄어드는 것은 아닌 듯함.

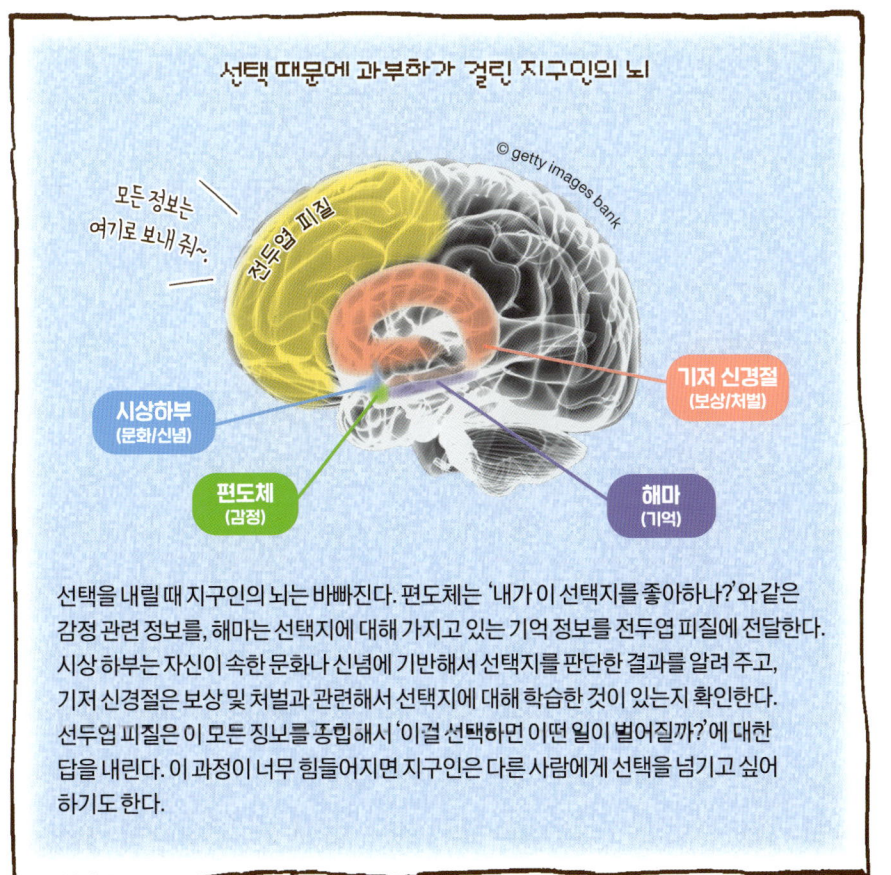

선택을 내릴 때 지구인의 뇌는 바빠진다. 편도체는 '내가 이 선택지를 좋아하나?'와 같은 감정 관련 정보를, 해마는 선택지에 대해 가지고 있는 기억 정보를 전두엽 피질에 전달한다. 시상 하부는 자신이 속한 문화나 신념에 기반해서 선택지를 판단한 결과를 알려 주고, 기저 신경절은 보상 및 처벌과 관련해서 선택지에 대해 학습한 것이 있는지 확인한다. 전두엽 피질은 이 모든 정보를 종합해서 '이걸 선택하면 어떤 일이 벌어질까?'에 대한 답을 내린다. 이 과정이 너무 힘들어지면 지구인은 다른 사람에게 선택을 넘기고 싶어 하기도 한다.

지구인들이 충동구매를 하는 이유

- 쇼핑몰에 가는 지구인들은 보통 살 물건을 미리 계획함. 하지만 막상 사 오는 물건들을 보면 엉뚱한 것이 많음. 우유를 사러 갔다가 가전제품을 덜컥 구매하거나, 양말을 사러 갔다가 과자에 빵까지 사 오는 경우도 있음.
- 미국 스탠퍼드 대학의 연구진은 물건을 사는 지구인들의 뇌에서 일어나는 일을 알아보기 위해 실험을 했음. 실험자들을 fMRI에 집어넣고, '물건 → 가격 → 물건과 가격'을 차례대로 보여 준 뒤, 최종적으로 물건을 살지 말지 결정하게 하였음. 물건을 본 순간 실험자들의 뇌는 쾌락을 관장하는 '대뇌 측좌핵'이 매우 활발해짐. 이후 가격을 보자 금전적 손해를 피하려는 부위 '뇌섬엽'이 활성화됨. 마지막으로 작동한 곳은 '전전두엽 피질'. 이 부위가 물건을 살 때의 쾌락과 지출의 고통을 저울질해서 제품을 살지 말지 결정을 내리는 것.

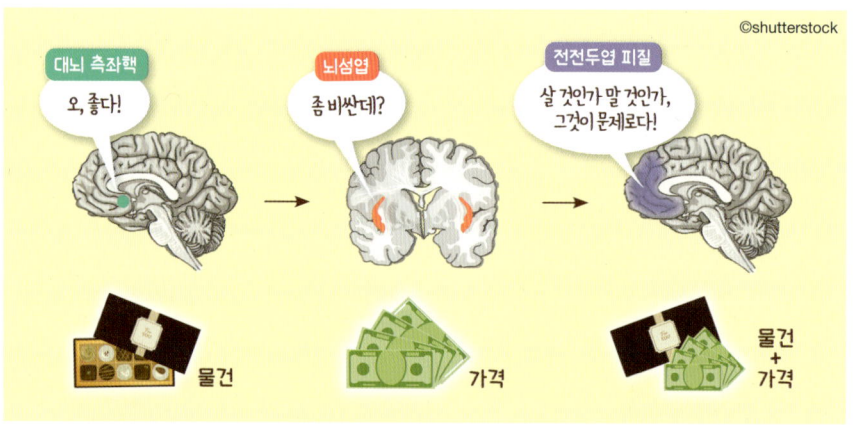

- 흥미로운 점은 제품을 반복적으로 보여 주자 제품을 사지 않겠다던 실험자의 87%가 제품을 사겠다고 마음을 바꾸었다는 것. 연구 팀은 대뇌 측좌핵이 반복적으로 자극받으면서 쾌락을 느끼고 싶은 욕구가 지출의 고통보다 커진 것으로 봄.
- 이 사실을 아는 지구의 판매자들은 자신들의 제품 광고를 여기저기 붙여서 소비자들이 어디서든 제품을 볼 수 있게 함. 이렇게 하면 대뇌 측좌핵을 자극받은 소비자들이 결국 물건을 살 확률이 높아지기 때문.

6

생선파의 무인도 캠프

지구인은 치사한 상황을 참지 않는다

보스는 불 꺼진 유에프오 카페에 혼자 남았다. 라후드가 특별히 만들어 준 생일 케이크를 앞에 두고, 긴 한숨을 쉬었다.

'내 나이 스물여덟, 외모만 보면 일흔여덟. 어휴.'

보스의 한숨에 케이크 위의 촛불이 꺼질 듯 흔들렸다가 다시 살아났다.

보스는 어린 시절 외계인을 만나서 주름투성이가 되었다.

보스를 주름투성이로 만든 사람은, 아니 외계인은, 보스는 이름도 알지 못하는 머나먼 샤포이 행성에서 온 프샤샤프였다. 프샤샤프는 지구의 약한 생명체에게, 혹독한 우주 환경에서도 견딜 수 있는 강인한 주름 피부를 선물했다.

프샤샤프는 좋은 의도로 주름을 선물했지만 보스는 그 사실을 전혀 몰랐다. 프샤샤프가 벌써 머나먼 우주로 떠나 버린 사실도 몰랐다. 그래서 눈에 불을 켜고 그 외계인을 찾고 있다. 다시 만나면 지독한 복수를 하려고? 아니, 보스는 당당하게 요구할 생각이다.

　보스와 눈이 마주친 생선파는 혼비백산 도망쳤다. 보스는 그들의 뒷모습을 보며 혀를 쯧쯧 찼다.
　사춘기 아이들은 어쩌면 저렇게 외계인 같을까? 만약 보스가 지구에 온 외계인이라면, 사춘기 아이들로 변장할 거다. 아무리 외계인 같은 짓을 해도, 더 외계인 같은 사춘기 녀석들 덕분에 의심받지 않을 테니까.
　'날 이렇게 만든 외계인도 나와 같은 생각을 하지 않을까?'
　카페가 아니라 저런 녀석들이 많이 모일 수 있는 장소가 필요했다. 생각이 여기까지 이르자 보스는 당장 사춘기 청소년을 대상으로 한 행사를 열었다.

　무인도 캠핑 버스는 작은 항구에 도착했다. 수십 명의 사춘기 아이들이 우르르 버스에서 내렸다. 하나같이 시끄럽거나 이상하거나 수상했고, 예측이 불가능했다. 한마디로 다 외계인 같았다. 보스는 그들 중 섞여 있을지 모를 외계인을 찾느라 눈을 부릅떴다.

윤박과 검은 양복은 아이들을 인솔하느라 목이 터질 것 같았다. 하지만 아이들의 귀에는 인솔자의 말이 제대로 안 들렸다. 그 나이 때의 아이들은 원래 그랬다. 어른들의 목소리가 귓속으로 들어오지 않고 귓바퀴를 한 바퀴 돌아 나가 버린다.

아싸는 시끄러운 아이들을 피해 일찌감치 배에 탔다. 뱃머리에 서서 끝없이 펼쳐진 바다를 보니 물의 행성 sg877을 방문했던 기억이 떠올랐다. 물과 아싸뿐이었던 평화로운 경험……

대호의 등장으로 평화는 깨졌다. 아싸는 지구의 어린이로 돌아왔다.

"윤 박사님이 배를 타라고 해서 탔다."

"응, 근데 우리 잠깐 내려야 해. 곰치랑 꽁치가 화장실 간대. 배의 화장실은 무섭다고 항구 화장실로."

"그 형들이 화장실 가는데, 내가 왜 내려?"

"의리! 생선파는 하나다!"

대호는 어이가 없다는 듯 외쳤다. 어이는 아싸도 없었다.

"난 생선파 아닌데?"

"음, 오늘은 너도 생선파야. 너는 작으니까, 멸치보다 작은 생선 이름이… 모르겠네. 그냥 넌 알 해라. 생선알, 따라와."

대호는 막무가내로 아싸를 데리고 내렸다.

아우레 최고의 과학자가 지구인의 화장실이나 따라다니다니, 이성 낭비다.

"걱정 마. 여긴 항구야. 배가 얼마나 많냐? 다른 배를 타고 가면 되지."

대호는 처음으로 생선파의 리더답게 행동했다. 무인도 캠핑의 인솔자인 윤박에게 전화해 상황을 알리고, 다음 배를 알아보았다. 다행히 한 시간 뒤에 서해의 무인도를 도는 정기 여객선이 있었다.

생선파는 각자 싸 온 간식을 먹으며 항구에서 신나게 놀았다. 일행과 다른 배를 탈 생각을 하니, 훨씬 더 모험하는 기분이 들었다.

생선파들은 가방을 탈탈 털어 먹을 것을 모조리 꺼내 먹었다. 과자, 초코바, 젤리, 스포츠 음료······. 식욕이 왕성한 사춘기 생선파들은 먹어도 먹어도 배가 고팠다.

"무인도 가면 먹을 거 엄청 많겠지?"

"보스 할머니 부자잖아. 고기도 무지 많을걸?"

한 시간 뒤, 생선파는 무사히 배를 탔다. 꽤 작은 배였다. 파도가 넘실거릴 때마다 배도 따라 흔들흔들 요동을 쳤다. 대호의 배에서도 넘실넘실 뱃멀미가 올라왔다. 머리는 어질어질하고, 구토가 치밀어 올랐다.

생선파가 정신을 잃기 직전, 배가 섬에 도착했다.

"내리자."

생선파들은 우르르 뛰어내렸다. 단단한 땅에 발을 디디자 살 것 같았다. 생선알 아싸도 잠시 망설이다 형들을 따랐다. 배는 아이들만 남겨 놓고 떠났다. 아싸는 멀어지는 배를 보며 말했다.

"형들, 여긴 마해도야."

대호와 생선파는 뭐가 문제냐는 표정으로 아싸를 쳐다보았다. 아싸는 문제점을 확실하게 말해 주었다.

"무인도 캠핑이 열리는 섬은 해마도야."

놀란 생선파가 한마디씩 던졌다.

"진짜? 마해도 아니었어?"

"근데 아싸 너는 왜 내렸냐? 아니라고 말했어야지."

대호가 아싸에게 핀잔을 주었다.

아싸는 지구인 흉내를 내느라 활짝 웃으며 대답했다.

"의리! 난 생선알이잖아."

마해도에는 시멘트로 대충 지은 낚시꾼 쉼터 빼고는 아무 것도 없었다. 심지어 인터넷도 안 됐다. 생선파들은 생존의 위협을 느꼈다. 누가 먼저랄 것도 없이 여기저기 전화를 걸었다. 119, 윤박, 엄마, 아빠……. 하지만 누구와도 통화하지 못했다. 마해도는 전화도 안 되는 디지털 청정 지대였다.

생선파들은 영화와 만화에서 본 무인도 표류기를 떠올리며 울상을 지었다. 날씨마저 생선파를 도와주지 않았다. 변덕스러운 마해도의 날씨가 순식간에 거칠어졌다. 거세게 바람이 불고, 파도가 집채만큼 높이 솟아올랐다.

생선파는 언제 올지 모를 구조대를 기다리며 낚시꾼 쉼터에서 하룻밤을 보내야 했다. 겁나고, 무섭고, 엄마가 보고 싶고, 추워서 몸이 덜덜 떨리고, 무엇보다도 배가 고팠다.

"뭐 먹을 거 없냐? 배고파 죽겠어."

곰치가 꼬르륵거리는 배를 부여잡으며 말했다.

"아까 항구에서 다 먹어 버렸어. 으헝, 좀 남겨 둘걸."

생선파들은 땅을 치며 후회했지만 뾰족한 수가 없었다.

"얼른 잠이나 자자. 말하면 배만 더 고파."

대호는 차가운 시멘트 바닥에 배낭을 베고 눈을 감았다. 다른 생선파들도 억지로 잠을 청했다. 피곤하고 지친 아이들은 금세 곯아떨어졌다. 드릉드릉 고른 숨소리가 울리자, 꽁치가 슬쩍 눈을 떴다.

보고서 56

지구인은 합리화의 달인이다

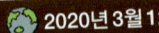 2020년 3월 12일 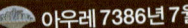 아우레 7386년 7월 68일 작성자: 아싸

지구 사건 개요

* 외계인 추적자의 보스가 난데없이 청소년 무인도 캠프를 개최함. 비용도 많이 드는 이런 행사를 개최한 이유는 사춘기 지구인에 대한 보스의 관심이 급상승했기 때문. 지구의 청소년들은 집을 떠나 또래들과 하는 활동을 매우 좋아하기 때문에, 초등학생 슈트를 입은 나 역시 이 활동에 동참해야 했음.

* 사춘기 지구인들은 무엇이든 함께하기를 좋아해서 매점도 화장실도 우르르 같이 감. 혼자 화장실도 못 가는 이런 지구인들 중에 이성적인 외계인이 있을 거라고 짐작하는 보스를 이해할 수 없음.

* 지구인의 의사 결정은 절대 합리적이지 않다는 것을 알게 됨. 다른 사람의 몫에 비해 자기의 몫이 보잘것없어 보이면, 지구인들은 차라리 모두가 불행해지는 상황을 택함. 모두가 아무것도 얻을 수 없게 되어도, 남만 잘되는 상황을 절대로 못 참는 것.

치사한 건 참지 못하는 지구인들

- 지구인들은 불공평한 상황에서 남이 나보다 많이 가지는 꼴을 보지 못함. 예를 들어, 상대가 9, 자신이 1을 가질 수 있는 상황보다는, 모두가 똑같이 0이 되는, 둘 다 아무것도 갖지 못하는 쪽을 선택할 확률이 높음.

- 뇌과학자들에 따르면, 불공평한 제안을 받을 경우, 역겨움을 유발하는 뇌의 부위인 '뇌섬엽'이 강한 분노 반응을 일으킨다고 함. 이곳은 너무 비싼 상품을 볼 때 활성화되기도 함. 지구인들이 가진 이러한 뇌의 활동 때문에, 생선파들은 꽁치가 빵을 너무 조금 나누어 주자 기분이 몹시 나빠져, 빵을 차 버리고 다 같이 쫄쫄 굶는 가장 비합리적인 결정을 내림. 자기의 이익을 포기하면서까지 불공평한 상황에 맞선 것.

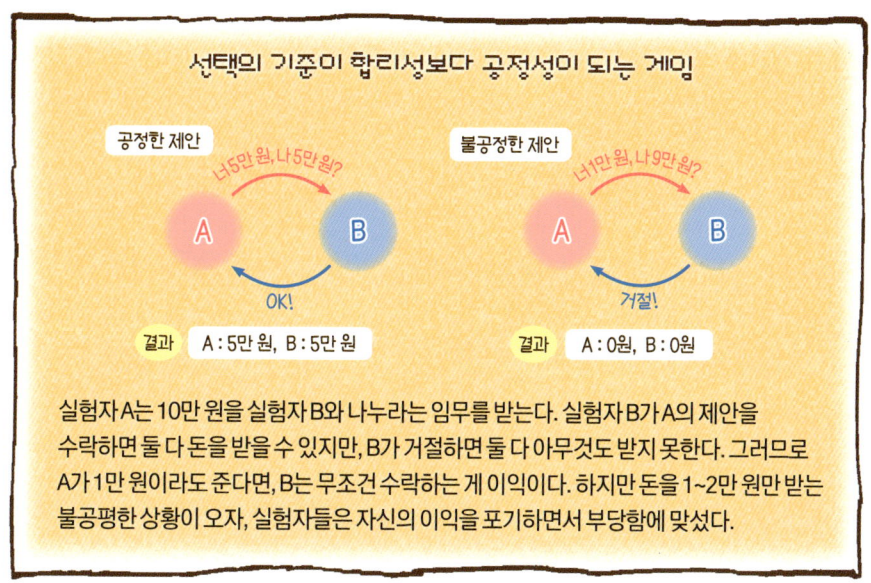

실험자 A는 10만 원을 실험자 B와 나누라는 임무를 받는다. 실험자 B가 A의 제안을 수락하면 둘 다 돈을 받을 수 있지만, B가 거절하면 둘 다 아무것도 받지 못한다. 그러므로 A가 1만 원이라도 준다면, B는 무조건 수락하는 게 이익이다. 하지만 돈을 1~2만 원만 받는 불공평한 상황이 오자, 실험자들은 자신의 이익을 포기하면서 부당함에 맞섰다.

- 지구인들은 이기적이지만, 동시에 손해를 보더라도 남을 도우려는 선한 마음도 가지고 있음. 안타까운 소식을 들으면 모르는 사람을 돕기 위해 기꺼이 자기 돈을 내주기도 함. 어떻게 이런 반대되는 마음이 공존할 수 있는지 의문임.

지구인은 합리화를 잘한다

- 지구인들은 어떻게 하면 좋은 결정을 내릴지 항상 고민함. 무엇을 선택하느냐에 따라 상황이 좋아지기도, 나빠지기도 하기 때문. 또 손해를 보는 상황을 극도로 싫어해서 중대한 결정을 내릴 때면 큰 손해를 볼까 봐 매우 스트레스를 받음.
- 그러나 하버드 대학의 심리학자 대니얼 길버트의 연구에 따르면, 지구인들은 실제로 손해 보는 상황이 되었을 때, 예상했던 것보다는 훨씬 스트레스를 덜 받는다고 함. 상황에 맞게 잘 대처한다는 것.
- 이것은 지구인들이 합리화의 달인이기 때문. 자신의 선택 능력이 떨어진다는 것을 받아들이기 힘들기 때문에, 지구인의 뇌는 선택을 잘못했다는 걸 인정하지 않으려고 함. 따라서 안 좋은 결과가 나오더라도 최선을 다해서 상황을 좋게 보려고 노력하다 보니 결국 자기가 선택한 것을 좋아해 버리게 됨.

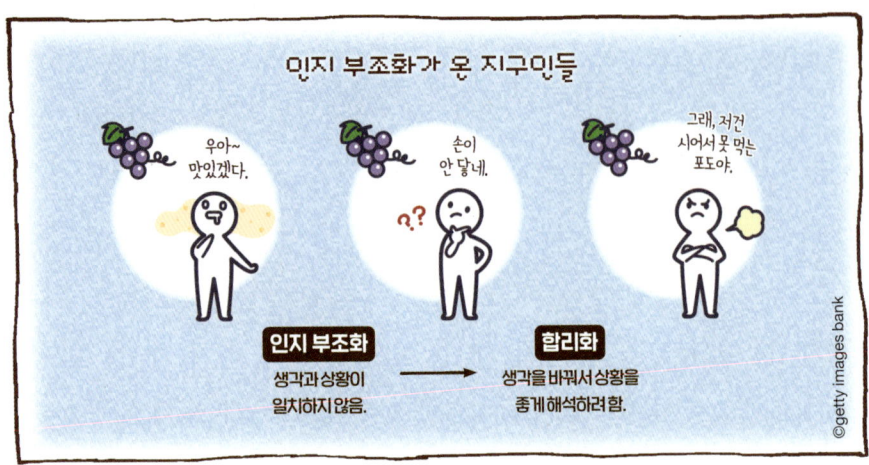

- 결정은 아우린에게나 지구인에게나 어려운 일. 좋은 결정을 내리는 것도 중요하지만 정말 중요한 것은 그 뒤에 어떤 행동을 하느냐임. 지구인들은 비합리적인 의사 결정을 내리지만 나름대로 그것을 좋게 만들려고 노력하고 있었음. 이것이 지구인들이 지구에서 오랜 시간 문명을 만들고 지구의 주인인 듯 행동하게 된 힘인 것 같음.

어설픈 지구인들의 선택을 위한 노력

* **반대 입장이 되어 상황 생각해 보기**
  좋을 대로만 생각하지 말고, 내 생각이 틀릴 수 있음을 인정하기.

* **잘못된 선택을 내렸다면 즉시 수정하기**
  지금까지 들인 시간과 돈이 아까워서 잘못된 선택을 인정하지 않는 '매몰 비용 오류'에 빠지지 말 것.

* **남들에게 휘둘려서 선택하지 않기**
  다른 사람이 다 그렇게 한다고 해서 나도 따라 할 필요는 없다!

* **가끔은 다른 사람에게 선택을 맡기기**
  나쁜 것들 중 덜 나쁜 것을 선택하는 상황에서는 선택을 해도 만족감을 얻기 어렵기 때문!

이를 알고 있다고 해서 지구인이 항상 최고의 선택을 하는 것은 아니다!

7

이성적인 보스의 비이성적인 선택

"망했다."

보스는 무인도 캠핑 행사 기간 동안 가장 많이 들었던 말을 저도 모르게 툭 내뱉었다.

지난 며칠간 보스는 외계인 같은 청소년들을 무인도에 모아 놓고, 먹여 주고 재워 주고 놀아 주고 선물까지 주며 집중 관찰했다. 하지만 그들 사이에 숨은 외계인을 찾지는 못했다.

관찰 결과, 사춘기 녀석들은 외계인보다 원시인에 가까웠다. 지구에 올 정도로 과학 기술 문명을 발달시킨 외계인들이 사춘기 아이들로 변장하고 숨어서 생활하는 건 불가능해 보였다. 보스는 청소년 캠프를 중단하기로 했다.

"이제 와서 그만둘 순 없어요, 보스."

"맞아요. 이미 10차까지 모집이 끝났어요. 취소한다고 하면 불만이 대단할걸요. 되돌리기엔 이미 늦었어요."

보스는 단호했다.

"세상에 늦어서 못 하는 결정은 없다. 아니다 싶으면 접는 거야. 아닌 줄 알면서도 계속하는 것만큼 바보짓은 없어."

"아이들이 실망할 텐데 꼭 취소하셔야겠어요? 한 번만 더 생각해 봐 주세요."

윤박의 부탁에 보스는 1초 더 생각했다.

"취소 선물로 스마트폰이나 하나씩 보내 줘."

무인도 캠핑 취소의 대가로 새 휴대폰을 받은 신청자들은 아무도 실망하거나 불평하지 않았다.

보스는 유에프오 카페로 돌아왔다. 외계인을 찾을 다른 방법을 생각해 내야 한다.

새로운 아이디어는 금방 떠오르지 않았다.

"에잇, 답답해."

보스는 밖으로 뛰쳐나갔다. 생각이 막힐 때, 무작정 걸으면 도움이 되었다. 가끔은 생각이 머리에서 나오는 게 아니라 발에서 나오는 게 아닌가 싶었다.

'외계인은 어디에 있을까? 벌써 지구를 떠났을까? 외계인을 만나려면 내가 우주로 가는 수밖에 없나? 현재까지 외계 생명체는 발견되지 않았는데, 도대체 어느 은하에 가야 외계인을 만날 수 있을까?'

보스는 골똘히 생각하다 걸음을 멈췄다. 생각도 함께 멈춰 버렸지만 어쩔 수 없었다. 신호등이 빨간불이었기 때문이다.

우연히 길을 가던 루나도 보스 옆에 멈춰 섰다. 루나의 뒤에 선 어린 지구인들이 잠시도 조용히 있지 않고 시끄럽게 떠들었다. 루나는 빨리 그 자리에서 벗어나고 싶었다.

루나는 빨간 신호등을 뚫어져라 쳐다보았다. 신호등이 초록불로 바뀌는 순간, 루나는 재빨리 횡단보도로 내려섰다. 하지만 달려오던 트럭 운전사의 눈과 발은 루나처럼 재빠르지 않았다.

"다른 지구인들도 위험에 처한 사람을 보면 보스처럼 비이성적으로 행동할까?"

라후드는 이해할 수 없는 지구인의 행동을 탐구해 보기로 했다.

놀랍게도 지구의 거의 모든 지역에서, 다른 사람을 위해 하나밖에 없는 목숨을 내놓는 경우가 발견되었다.

지구인들 중에는 심지어 인간이 아닌 다른 종의 동물을 구하기 위해 위험을 무릅쓴 사람도 있었다.

"이러고도 멸종하지 않다니, 지구인 신기함."

루나는 알면 알수록 지구인을 더 이해할 수 없었다.

라후드는 지구인들이 다른 지구인을 돕다가 아까운 목숨을 잃지 않게 해 주고 싶었다. 방법은 아주 간단했다. 지구에 아우레의 의학 기술을 전해 주면 된다. 아우레의 의학 기술은 매우 발달하여 완전히 죽은 것만 아니면 아무리 많이 아프고 다쳐도 다 고쳐 내기 때문이다.

"아싸, 바바, 지구인에게 아우레의 의학 기술을 가르쳐 주면 안 돼?"

"안 돼!"

아싸, 바바, 오로라, 루나는 동시에 외쳤다. 각 행성의 발전은 그 행성인의 이성에 맞게 이루어져야 한다. 과학 기술이 행성인들의 이성보다 지나치게 뛰어나면 잘못된 방식으로 쓰일 위험이 크기 때문이다.

"하지만 보스가 불쌍해."

"보스가 선택한 일이다."

오로라는 딱 잘라 말했다.

나머지 대원들도 절레절레 고개를 저었다.

보스가 트럭에 치일 뻔한 초등학생을 구했다는 소문은 삽시간에 퍼졌다. 소문을 퍼트리는 데 가장 큰 공을 세운 사람은 위니 원장이다. 위니 원장은 미용실에 온 손님들에게 약간의 과장을 더해 보스의 선행을 알렸다.

위니 원장은 시청, 구청, 방송국 등에도 전화를 걸어 보스의 이야기를 제보했다. 오로라는 보스의 일이 널리 알려지기를 원하지 않았다. 그것은 루나의 일이기도 하니까.

"위니 원장님, 왜 보스와 루나의 이야기를 퍼트리나요?"

"좋은 일은 다 같이 알면 좋잖아요."

뭐가 좋은 일인지, 다 같이 알면 뭐가 좋은지 오로라는 몰랐다. 하지만 지구인들은 그 마음을 다 아는지, 보스를 칭찬했다.

사람들은 보스에게 꽃과 감사 편지를 보냈다. 시청에서는 보스를 '의로운 사람'으로 표창하였고, 병원에서는 훌륭한 사람을 무료로 치료해 주겠다고 나섰다. 잘 알지도 못하는 유명한 사람들이 수시로 병문안을 와서 사진을 찍었다.

이 사건에 가장 크게 감동을 받은 사람은 보스를 외계인이라고 의심한 루이였다. 루이는 사고 현장에 함께 있었다. 갑작스러운 트럭의 돌진에 놀라 입만 떡 벌리고 있었다. 하지만 보스는 지체하지 않고 뛰어들어 루나를 구했다.

"알고 보니 보스는 정말 훌륭하신 분이야. 보스가 진짜 외계인이라도 친구가 되고 싶어. 어, 이거 재밌겠는데? 웹툰으로 그려 볼까?"

웹툰을 그리는 동안 루이는 무척 즐거웠다. 하지만 '나도 웹툰 작가' 게시판에 올리자마자 심장이 두근두근 빠르게 뛰었다. 갑자기 괴로워졌다. 조회 수가 높았으면, 사람들이 재미있다고 해 줬으면 하는 마음 때문이었다.

'망신당하지 말고 그냥 내릴까? 아예 웹툰을 그리지 말까?'

이런 생각이 든 순간 루이는 마음을 다잡았다.

루이는 조회 수에 연연하지 않기로 결심했다.

"그래, 지금껏 취미 하나 없이 팍팍하게 살았는데 웹툰 그리는 취미가 생긴 것만으로도 만족이야. 나, 제법 멋진걸!"

루이는 편의점 진열대의 과자를 정리하며 웃었다. 평소와 똑같은 일을 하는데 부자가 된 느낌이었다.

이 책을 만든 사람들

정재승 기획

KAIST에서 물리학으로 학사, 석사, 박사 학위를 받았습니다. 예일대학교 의과대학 정신과 박사후 연구원, 고려대학교 물리학과 연구교수, 컬럼비아대학교 의과대학 정신과 조교수를 거쳐, 현재 KAIST 뇌인지과학과 교수로 재직 중입니다. 우리 뇌가 어떻게 선택을 하는지 탐구하고 있으며, 이를 응용해서 로봇을 생각만으로 움직이게 한다거나, 사람처럼 판단하고 선택하는 인공지능을 연구하고 있습니다. 쓴 책으로는 <정재승의 과학 콘서트>(2001), <열두 발자국>(2018) 등이 있습니다.

정재은 글

프로젝트를 진행하는 동안 때로는 아싸로, 때로는 라훈드로, 때로는 오로라나 바바로 끊임없이 정신을 분리하며 도서 전체의 스토리를 진행했습니다. 가 본 적 없는 아우레 행성과 직접 열어 본 적 없는 지구인의 뇌를 스토리 속에 엮어 내기 위해 엄청 열심히 공부를 해야 했습니다. 쓴 책으로 <똥핑크 유전자 수사대> <멘델 아저씨네 완두콩 텃밭> <미스터리 수학유령> 시리즈 등 다수의 어린이 책이 있습니다. 머릿속 넓은 우주가 어디로 펼쳐질지 모르는 창의력 뿜뿜 스토리텔러.

김현민 그림

일찍이 유럽으로 시장을 넓힌 대한민국의 만화가. 대학에서 산업디자인을 전공한 뒤 어릴 때 꿈을 찾아 만화가가 되었습니다. 프랑스 앙굴렘 도서전에 출품한 것을 계기로 프랑스 출판사에서 <Archibald 아치볼드>라는 모험 만화를 만들고 있습니다. 인간이 아닌 괴물이나 신기한 캐릭터 등 상상력을 발휘할 수 있는 그림을 좋아합니다. 몸은 지구에서 벗어날 수 없지만, 머릿속은 항상 우주의 여행자가 되고 싶은 히치하이커.

이고은 글

지구인들의 심리를 과학적으로 설명해서 보여 주는 것이 취미이자 특기인 인지심리학자. 부산대학교에서 심리학으로 학사, 인지심리학으로 석사와 박사 학위를 받은 뒤, 강의와 연구를 하고 있습니다. 과학 웹진 <사이언스온>에서 '심리실험 톺아보기' 연재를 시작으로 각종 매체에 심리학을 소개해 왔으며, <마음 실험실>(2019), <심리학자가 사람을 기억하는 법>(2022)을 펴낸 과학적 스토리텔링의 샛별.

뇌가 말랑해지는 시간
10권 미리보기

샤포이 행성인들의
주름 선물을 제안받는다면?
외계인이 지구에 온다면?
상상만 해도 즐거운 선택 속으로~.

뇌가 말랑해지는 시간 2

써니와 함께 여행을 떠날 친구는 누구?

산으로 바다로 떠나는 즐거운 여행!
혼자는 심심하니까 딱 한 명만 데려가고 싶은데…,
누구를 선택해야 가장 즐거운 여행을 할 수 있을까?

> 맛집은 내게 맡겨라.

> 내가 왜 여행을 가야 하지?

라후드 아저씨

✩ **장점**
- 전국 맛집 정보를 다 알고 있어서, 대충 선택해도 대박 맛집일 가능성 90%!
- 옆에 있기만 해도 마음이 편안해지는 매력이 있어.

✩ **단점**
- 챙겨 뒀던 간식을 라후드 아저씨가 나 몰래 다 먹어 치울 수도!
- 덩치는 커도 겁이 많아서 위험한 일이 생기면 가장 먼저 도망가 버릴지도 몰라.

루나

✩ **장점**
- 루나를 데려가면 내가 좋아하는 아싸가 따라올지도…? 이거 말고 더 필요한 장점이 있어?

✩ **단점**
- 옆에 서 있기만 해도 나는 더 쪼끄매 보일 거야.
- 항상 내 말에 딴지를 걸지. 종일 말싸움을 할 게 뻔해.
- 무심한 성격이라 문제가 생겨도 손 하나 까딱하지 않을걸.

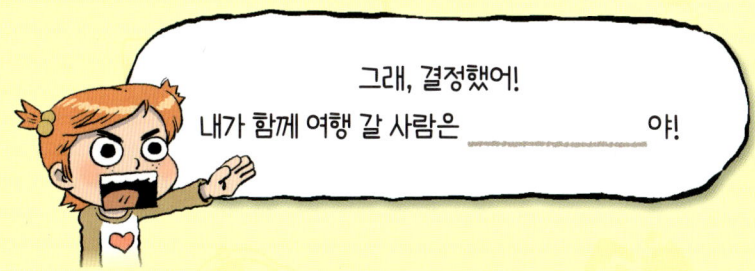

그래, 결정했어!
내가 함께 여행 갈 사람은 _____ 야!

써니야~,
언니 심부름 좀!

유니언니

☆ 장점
· 서로의 마음을 잘 아는 사이니, 배려한다면 절대 싸우지 않을 거야.
· 언니와 함께라면 엄마, 아빠한테 여행에 쓸 용돈을 두 배로 받을 수도 있고!

☆ 단점
· 여행하는 내내 언니의 심부름에 시달리게 될 게 분명해.
· 나랑은 안 놀아 주고 친구랑 통화만 하면 어쩌지?

우리 강아지,
저녁엔 뭐 해 줄까?

할머니

☆ 장점
· 살랑살랑 애교 한 방이면 하고 싶은 일은 뭐든 가능!
· 내가 가장 좋아하는 할머니 요리도 원 없이 먹을 수 있어.

☆ 단점
· 할머니의 멈추지 않는 잔소리는 꾹~ 참고 넘어가야 해.
· 할머니의 고약한 잠버릇은 더 꾸우욱~ 참고 넘어가야 하고!

뇌가 말랑해지는 시간 3

두둥!
당신의 선택은?

나는 이런 상황에서 어떻게 행동할까?
친구들은 어떤 선택을 내릴까?
선택의 이유는 과연 무엇일까? 너무도 궁금해!

Q 어느 날 강하고 주름진 피부를 선물해 주고 싶다는 상냥한 외계인들의 제안을 받았다.

강인한 피부로 철벽같이 나의 몸을 보호할 테야!

쭈글쭈글함. 최고다.

곧바로 거절! 연약해도 매끈한 피부가 좋다고~.

말도 안 되는 소릴 하고 있어!

Q 외계인이 지구에 찾아왔다. 나의 반응은?

지구를 침략하러 온 거지? 쿵후, 주짓수로 가만두지 않는다.

지구에 온 걸 환영해~. 성대한 축하 파티를 기획한다.

Q 청소년 무인도 캠프에 참가한 나, 둘 중에 더 원하는 일은?

캠프에 왔으니 신나게 즐길 거야! 보스와 사진은 꼭 찍어야지.

캠프가 취소되어 새 스마트폰을 받으면 더 좋을 거야!

아우레로 돌아갈 시간이 다가온다!

느닷없이 떨어진 귀환 명령!

아우레에 무슨 일이 생겼나? 좋아해야 하나, 말아야 하나? 당황한 마음도 잠시, 대원들은 곧장 귀환 준비에 돌입했다.

"아우린 흔적 완벽 제거."

바바는 당장 임시 본부 폐쇄 계획을 짰다.

"지구인 흔적 완전 제거."

오로라와 아싸는 당장 지구인 슈트를 벗어 던졌다.

"외계문명탐구클럽 회원들을 볼 수 있다!"

라후드는 행성 친구들을 볼 생각에 들떴다.

남은 시간은 지구 시간으로 일주일. 대원들은 지구인 임무마저 게을리하기 시작한다. 등교할 시간에 집에 있기, 일할 시간에 아침 드라마 보기. 일과 학교가 없으니 지구는 훨씬 좋은 곳이었다. 하지만…….

따르르릉! 따르르릉!

"오로라 씨, 집에 계세요?"

"라후드 씨, 아프신 건 아니죠?"

애타게 외계인을 찾는 전화벨 소리가 울리고, 외계인들은 하는 수 없이 터덜터덜 일터로 향한다.

라후드는 문득 걸음을 멈추고, 길고도 짧은 지구 생활을 돌이켜 본다.

"이상하다. 지구를 떠나지도 않았는데, 벌써 지구가 보고 싶다. 지구인은 이런 감정을 그립다고 하나……?"

아우린이 떠나 버리면 지구인은 아우린들을 무척이나 그리워할 텐데, 아우린은 이런 지구인의 마음을 전혀 모를까? 아우린들, 지구를 떠나지 마~!

아우린들이 관찰하는 지구인의 "공감" 이야기가 10권에서 이어집니다.

다양한 SNS 채널에서
아울북과 을파소의 더 많은 이야기를 만나세요.

 인스타그램 @owlbook21
 페이스북 @owlbook21
 네이버카페 owlbook21
 네이버포스트 아울북 and 을파소

정재승의 인간탐구보고서
09 인간의 선택은 엉망진창이다

기획 정재승 | **글** 정재은 이고은 | **그림** 김현민
사진 gettyimages, getty images bank, Shutterstock | **배경설계자** 김지선

1판 1쇄 발행 2022년 5월 25일
1판 9쇄 발행 2025년 6월 17일

펴낸이 김영곤 **펴낸곳** ㈜북이십일 아울북
기획개발 문영 이신지 **프로젝트4팀** 김미희 이해인 **디자인** 김단아
마케팅팀 남정한 나은경 한경화
영업팀 한충희 장철용 강경남 황성진 김도연
제작 이영민 권경민

출판등록 2000년 5월 6일 제406-2003-061호
주소 (10881) 경기도 파주시 회동길 201(문발동)
대표전화 031-955-2100 팩스 031-955-2177 홈페이지 www.book21.com

ⓒ정재승·김현민·정재은·이고은, 2022
이 책을 무단 복사·복제·전재하는 것은 저작권법에 저촉됩니다.

ISBN 978-89-509-8315-4 74400
ISBN 978-89-509-8306-2 74400 (세트)

책값은 뒤표지에 있습니다.
잘못 만들어진 책은 구입하신 서점에서 교환해 드립니다.

• 제조자명 : ㈜북이십일
• 주소 및 전화번호 : 경기도 파주시 문발동 회동길 201(문발동) / 031-955-2100
• 제조연월 : 2025.6.17.
• 제조국명 : 대한민국
• 사용연령 : 3세 이상 어린이 제품

너와 나, 우리들의 마음을 이해하게 도와줄
첫 번째 뇌과학 이야기
정재승의 인간 탐구 보고서 (1~17권)

❶ 인간은 외모에 집착한다
❷ 인간의 기억력은 형편없다
❸ 인간의 감정은 롤러코스터다
❹ 사춘기 땐 우리 모두 외계인
❺ 인간의 감각은 화려한 착각이다
❻ 성은 우리를 다르게 만든다
❼ 인간은 타고난 거짓말쟁이다
❽ 불안이 온갖 미신을 만든다
❾ 인간의 선택은 엉망진창이다
❿ 공감은 마음을 연결하는 통로
⓫ 인간을 울고 웃게 만드는 스트레스
⓬ 인간은 누구나 더없이 예술적이다
⓭ 인간은 모두 호기심 대마왕
⓮ 인간, 돈의 유혹에 퐁당 빠지다
⓯ 소용돌이치는 사춘기의 뇌
⓰ 사랑은 마음을 휘젓는 요술 지팡이
⓱ 음식, 인간의 마음을 요리하다

인류의 과거와 현재를 이어 줄
아우린들의 시간 여행!
정재승의 인류 탐험 보고서 (1~10권)

완간

❶ 위대한 모험의 시작
❷ 루시를 만나다
❸ 달려라, 호모 에렉투스!
❹ 화산섬의 호모 에렉투스
❺ 용감한 전사 네안데르탈인
❻ 지구 최고의 라이벌
❼ 수군수군 호모 사피엔스
❽ 대륙의 탐험가 호모 사피엔스
❾ 농사로 세상을 바꾼 호미닌
❿ 안녕, 아우레 탐사대!

지구인의 선택을 조종하는
쇼핑몰의 비밀!

쇼핑몰에 가면 왜 필요 없는 물건도 사고 싶어질까요? 괜히 진열대를 둘러보며 살 만한 물건이 없는지 고민하게 되는 이유는 무엇일까요? 쇼핑몰에는 소비자가 더 많은 물건을 사게 하는 과학적 장치들이 가득합니다. 고객들의 행동 패턴을 분석한 다음, 물건을 구매하도록 선택을 은밀히 조종하지요. 카트를 밀고 들어가는 입구부터 계산대에 이르기까지, 쇼핑몰에는 과연 어떤 비밀이 숨어 있을까요? 지금부터 낱낱이 파헤쳐 보자고요!

유제품 및 베이커리 코너

우유와 빵은 마트에 가면 꼭 사 오는 필수 품목이지요. 그래서 마트에서는 우유와 빵을 맨 뒤쪽에 위치시켜서, 고객들이 먼 길을 오가며 눈에 띄는 물품을 하나라도 더 사게 만듭니다. 하지만 최근, 간단하게 우유와 빵을 사러 온 고객들을 위해 계산대 옆에 작은 코너를 만드는 게 더 효과적이라는 연구 결과가 나왔습니다. 이때 그 옆에 과자처럼 쉽게 집어 들 만한 유혹적인 물품을 배치하는 것이지요. 똑똑한 마트들은 벌써 이것을 실행하고 있다고 하는데요, 마트의 배치는 이렇게 끊임없이 개선되고 바뀐답니다.

고객과 눈 맞추기

뇌과학자들의 연구 결과에 따르면, 고객의 시선을 많이 받는 제품일수록 팔릴 확률이 높다고 합니다. 따라서 쇼핑몰은 성인 고객의 평균 눈높이(90~140cm)에 인기 상품을 배치하지요. 그럼 어린이들이 좋아하는 장난감은 어디에 배치할까요? 장난감은 1m 높이 위아래로 배치하여 어린이들과 눈을 맞출 수 있도록 합니다. 자꾸만 새 장난감이 눈에 띄는 이유, 이제 알겠죠?

요구르트를 먹을 때 가장 좋아하는 부분은?

여러분은 요구르트의 어떤 점을 가장 좋아하나요? 요구르트의 달콤한 맛? 입안을 감싸는 진득한 질감? 그것도 아니라면, 요구르트 속 다양한 토핑인가요?

뇌과학자들이 요구르트를 먹는 사람들의 뇌를 관찰한 결과, 요구르트를 먹을 때 사람들이 가장 열광하는 부분은 놀랍게도 요구르트를 먹기 직전 은박지 뚜껑을 벗겨 내는 순간이었습니다. 바로 이때 요구르트에 대한 뇌의 쾌감이 가장 극대화되었던 것입니다. 그리고 이 쾌감을 느끼는 '대뇌 측좌핵'이 자극받을수록 다음번 쇼핑에서 요구르트를 살 확률은 높아지지요. 이 사실을 알게 된 요구르트 업체들이 은박지 뚜껑을 떼어 내는 경험에 초점을 맞춘 상품을 개발 중이라니, 기대되지 않나요?

매장을 한 바퀴 다 둘러보고 이제 쇼핑이 거의 끝나려고 해요. 이곳에는 무엇이 놓여 있을까요? 계산대와 가까워질수록 주류와 냉동식품 코너가 있을 확률이 높습니다. 쉽게 깨지거나 녹을 수 있는 물품들을 마지막에 배치한 것이지요. 여러분이 자주 가는 마트에는 이 위치에 어떤 물품들이 놓여 있나요? 물품의 배치는 마트마다 조금씩 다르니, 다음에 방문하면 꼭 확인해 보세요!

엔드캡

각 진열대 양 끝에 붙어 있는 매대는 끝(END)에 모자(CAP)처럼 붙어 있어요. 우리 뇌에는 물품의 가격이 합리적인지 영역이 있는데, 엔드캡을 빠른 속도로 판단하기 전에 무심코 제품을 집어들게 되지요. 마트 운영자들은 이곳에 가장 수익이 나는 상품을 배치한답니다.

정육 코너

고기를 파는 정육 코너 옆에는 쌈 채소를 같이 판매하는 경우가 많습니다. 인간의 기억은 그물망처럼 연결되어 있어서, 하나의 생각 뒤로 그와 관련 있는 것들을 함께 떠올리기 때문입니다. 고기를 보며 쌈을 떠올린 고객들이 이미 지나온 채소 코너로 돌아가지 않고 바로 물품을 구매할 수 있도록 하는 것입니다. 이렇게 구매 선택을 유도하는 장치는 음료 코너 옆 과자 코너, 주류 코너 옆 안주 코너처럼 다양합니다.

과일 및 채소 코너

대부분의 마트들은 입구에 싱싱한 채소와 과일을 배치합니다. 곰곰이 생각해 보면 이상한 일이기도 한데요. 쇼핑을 하는 동안 카트에서 상처가 나거나 으깨질 수 있는 과일과 채소를 왜 가장 먼저 담게 할까요?
과학자들은 쇼핑 초반에 소비자들의 감각을 많이 자극할수록 더 많은 물품을 산다는 것을 알게 되었습니다. 마트에 들어서는 순간을 떠올려 보세요. 채소의 푸릇한 색깔과 과일의 향긋한 냄새는 시각과 후각을 자극하지요. 이런 요소들은 고객들에게 마트가 깨끗하고 건강한 음식을 파는 곳이라는 이미지를 심어 줍니다. 과일의 달콤한 향이 기쁨의 호르몬인 도파민을 분비하게 하여 더 즐거운 마음으로 쇼핑하게 만들어 주는 것은 덤이고요!

간식은 어디에?

줄을 서시오~. 계산대 앞에 줄이 길게 늘어서 있습니다. 이때가 가장 지루한 순간이지요. 물건을 구경하며 돌아다니느라 다리도 아프고 배도 고파졌군요. 이런 고객들의 눈길을 마지막으로 한 번 더 사로잡는 것이 바로 계산대 옆 과자와 장난감들입니다. 쇼핑몰에서는 끝까지 긴장의 끈을 놓으면 안 된다고요!

실험에 따르면 많은 소비자들이 상점에 들어오자마자 오른쪽으로 향합니다. 이는 다수의 고객들이 오른손잡이이며, 오른쪽을 더 편하게 여기기 때문입니다. 이를 이용하여 쇼핑몰은 오른쪽이 아니라 왼쪽, 즉 시계 반대 방향으로 돌도록 설계되어 있는데요. 왼손으로 카트를 밀면서 오른손으로는 자연스레 물품을 집게 만드는 전략이랍니다.
시계 방향으로 도는 고객들보다 시계 반대 방향으로 도는 고객들이 평균 2,400원 정도를 더 소비한다고 하니, 마트에 오는 고객의 수를 생각하면 엄청난 이득이지요?

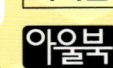